Ulrich Schaffer

Handbuch der Mutigen

mit Tuschzeichnungen des Autors

EDITION schaffer
im Kreuz Verlag

MIX
Papier aus verantwortungsvollen Quellen
FSC® C083411

5. Auflage 2013

www.kreuz-verlag.de

Texte, Konzept, Design und Satz: Ulrich Schaffer
Tuschzeichnungen: Ulrich Schaffer
Umschlag und Umschlagfoto: Ulrich Schaffer
Autorenfoto: © Micha Pawlitzki

Druck: CPI – Clausen & Bosse, Leck

ISBN 978-3-7831-2799-7

Handbuch der Mutigen

Mut gibt es nur in Verbindung mit Angst. Die Mutigen müssen darum immer etwas überwinden, wenn sie ihren Mut leben. Er fällt ihnen nicht zu. Die Haltung in den meisten der folgenden Texte erfordert daher einen Einsatz. Wir leben sie gegen die Angst und Unsicherheit in uns, besonders da, wo unsere Kultur und Gesellschaft uns einflüstert, dass wir nicht so leben sollten. Auch halten uns unsere Verwöhnung und unsere Scheu vor schmerzhaften Prozessen ab, so zu leben.

Die Texte des Buches versuchen, die Merkmale und Haltungen der Mutigen zu beschreiben. Es geht um eine gewisse Art zu leben. Manche Merkmale überschneiden sich und manche scheinen sich gegenseitig auszuschließen. Verschwindet die Gelassenheit, wenn die Leidenschaftlichkeit in den Vordergrund tritt? Vielleicht. Vielleicht ist aber die eine Haltung in der anderen geheimnisvoll enthalten. So bleibt die Leidenschaft gesund, wenn sie auf dem Hintergrund einer Gelassenheit das Leben durcheinander wirbelt. Und die Gelassenheit wird nicht zu Trägheit und Faulheit, wenn sie um die Leidenschaftlichkeit weiß, die in der gleichen Seele steckt.

Dieses Buch ist am Rand auch ein Lob auf das gesunde Selbstbewusstsein, durch das sich das Leben ausbreitet und neues Leben schafft. Das tiefere Ziel aber ist es, das innere Reich in einem jeden von uns wieder fester anzusteuern, dieses grandiose Land und diese herrliche Landschaft, die wir neu entdecken und verwirklichen können. Es geht dabei nicht in erster Linie um Abgrenzung und Selbstbehauptung (auch wenn die Texte manchmal diesen Ton zu haben scheinen), sondern um Entfaltung, um Blühen, um Gotterkennen in den Fasern des eigenen Lebens.

Alles, was ich hier geschrieben habe, habe ich zuerst für mich geschrieben. Ich übe es, so zu leben. Ich will so leben. Es erfüllt mich mit tiefem Glück, so zu leben und nicht meiner Angst unterworfen zu sein. Es war mein Bestreben, die Texte kurz zu halten. Auch habe ich sie ganz bewusst nicht in Kapiteln zusammengefügt. Ich wollte den bunten Wechsel. So sind sie auch zu lesen: aufschlagen und sehen, was vielleicht heute etwas bedeuten könnte.
Die kursiv gesetzten Sätze am Ende der Texte bieten eine zusätzliche Dimension. Sie sollen herausfordern und ermuntern. Ich wollte Mut machen, aber ich wollte es der Leserin und dem Leser auch erschweren, einen Text einfach nur „abzutun". Ich wollte ab und zu den Einwand, der kommen mag, schon vorwegnehmen. Es sind die Einwände, die ich von mir kenne.
Es könnte eine interessante Übung sein, auf die Gedanken und Fragen in den kursiv gesetzten Texten direkt stichwortartig im Buch zu reagieren. Damit könnte dieses Buch eine Art Aufzeichnungs- und Werkbuch werden, in dem man seine eigenen Einstellungen verfolgt. Es ist ja ein Handbuch. Dort, wo man dies zusammen mit Freunden tut, kann es zu einem fruchtbaren Gedankenaustausch werden.

ulrich schaffer

Gibsons, im Frühling 2006
www.ulrich-schaffer.com

Für alle,
die den inneren Berg
besteigen wollen

Wenn der Mutige aus dem Haus tritt, weiß er, dass er von der Welt nicht erwarten kann, dass sie ihm das Leben erleichtert. Früher dachte er es und erwartete Zuvorkommenheit und Zuwendung. Als er sie nicht bekam, ging er in sich und entdeckte seine Liebe zu sich selbst. Seitdem ist er gut zu sich und liebt sich, wie sonst niemand ihn lieben kann. Wenn er jetzt aus dem Haus tritt und besonders mutig ist, sieht er die Welt in seiner Hand liegen. Nicht, weil er die Welt in sein Bild von ihr verwandeln will, aber weil er die Fähigkeit hat, die Welt zu deuten. Er liebt es zu deuten. Es gibt kaum etwas, was er nicht deutet. Er weiß, dass er damit nichts an den Zuständen der Welt verändert, aber er weiß, dass er sich selbst dabei verändert, und ahnt, dass das die schwerste und größte Veränderung überhaupt ist.
So wählt er, wie er die Welt sehen will. Auf diesem Weg gelingt es ihm, auch dem Finstersten noch etwas abzugewinnen. Es gibt nichts so Schlechtes, als dass man daraus nicht etwas lernen könnte. Der Mutige fühlt in diesen Momenten seine tiefe Stärke. Die Welt verwandelt sich in seiner Einstellung, und manchmal ahnt er, dass sich damit auch die Welt selbst tatsächlich ein Stück verändert.

Klingt das zu leicht für dich? Es ist nicht leicht für den Mutigen, aber er ist es leid zu warten. Er liebt es, sein Leben in die Hände zu nehmen. Darin ist er nicht so anders als du.

Die Mutige vereinfacht nicht. Sie erkennt, wenn etwas kompliziert ist, und erlaubt, dass das Komplizierte besteht. Sie versucht es zu verstehen. Ihr Versuch es zu verstehen beruht nicht auf einer Vereinfachung dessen, was sie nicht versteht, sondern sie arbeitet an sich. (Die Mutige arbeitet viel an sich, weil sie weiß, dass sie nur sich selbst in die Hände gegeben ist und sie darum nur sich selbst verändern kann.) Sie versucht zu verstehen. Dabei stellt sie sich nicht unter oder über das, was sie versucht zu verstehen. Sie stellt sich daneben und wird ein Stück zu dem, was sie verstehen will. In der Identifikation erlebt sie ein Erkennen von innen.

Stört dich diese Arbeit an dir? Machst du das schon zu oft? Könnte es weniger eine Aufgabe und mehr eine Freude sein, die Welt zu verstehen? Du bist begabt, die Welt zu verstehen.

Wie machst du das? So fragen den Mutigen manchmal die Menschen, die sich als Opfer der Welt sehen. Sie wissen dabei nicht genau, was sie fragen, aber sie spüren dem Mutigen an, dass in seinem Leben etwas anderes geschieht als in ihrem. Manchmal fügen sie der ersten Frage noch eine zweite hinzu: „Hast du denn keine Angst?“ Sie sagen es mit einer gewissen Überraschung. Er freut sich über diese Frage, weil er sie genau und direkt beantworten kann. Er holt dabei nicht weit aus, aber die Tiefe seiner Sätze ist zu spüren.

„Ja, ich habe Angst, vielleicht so viel Angst wie du. Genau so, wie ich mich verbrenne, wenn ich in eine Flamme fasse oder wie ich nass werde, wenn ich im Regen stehe. Aber worauf es ankommt, ist, wie ich damit umgehe. Wenn ich mit meiner Partnerin vergnüglich im Regen gehe, dann macht es mir wenig aus, dass es regnet. Wenn ich mich verbrenne, weil ich jemand gerettet habe, dann werde ich meine Verbrennung als gering erachten, weil ich einem Menschen durch meine Tat das Leben bewahren konnte. Ich habe Angst, aber wenn ich dadurch etwas über die Welt lerne, bin ich bereit, die Angst in Kauf zu nehmen. Ich will keine Angst vor der Angst haben. Ich will mich auf meinen Mut konzentrieren. Ich bin nicht anders als du. Angst zu haben ist menschlich. Aber in der Ängstlichkeit zu verharren ist etwas, wogegen wir uns entscheiden können.“

Glaubst du, dass du den Mut wählen kannst?

Der Mutige vertraut auch noch nach vielen Enttäuschungen. Er führt nicht Buch über seine Verletzungen. Er rechnet sie nicht auf gegen die Erfüllung, die er auch mit Menschen erlebt hat. Er vermutet nicht hinter jedem Wort und jeder Handlung eine versteckte Niedertracht oder Gemeinheit. Er hat es zu einer seiner wichtigsten Übungen gemacht, jeden Tag immer wieder neu zu beginnen. Er sieht den Morgen als Moment der Verheißung. Er ist fasziniert von den Möglichkeiten eines Tages. Er verlangt nicht Unmögliches von sich selbst, aber er gibt die aktive Hoffnung für seine Mitmenschen nicht auf. Er weiß, dass es ein größerer Verlust für ihn wäre, nicht mehr zu vertrauen und klein und eng zu werden. Die Sicherheit, die er damit hätte, wäre wenig wert.
Er glaubt, dass es besser ist zu vertrauen und gelegentlich enttäuscht zu werden, als gar nicht mehr zu vertrauen. Sein Mut, so zu handeln, beruht auf dem Wissen, dass sich die Welt auftut und zugänglich wird, wenn ein Mensch vertraut. So hat er den Begriff „grundlegendes Vertrauen" für sich entdeckt. Früher brauchte er immer einen Grund, um zu vertrauen. Jetzt vertraut er oft ohne Grund und legt schon mit diesem Vertrauen den Grund. Häufig beginnt bei seinem Gegenüber durch diesen Vorschuss an Vertrauen eine Veränderung. Beide können sie den Fuß in die Luft setzen, und sie erleben, dass sie trägt.

Hast du eine Grenze, ab der du nicht mehr vertrauen willst? Hast du die Grenze schon erreicht? Könntest du die Grenze verschieben?

Am 11. September 2001 war der Mutige zufällig in New York. Er sah sogar das Flugzeug in das zweite Hochhaus fliegen. Eine unbeschreibliche Angst überflutete ihn – sie kam von weit her, von überall, aber am meisten kam sie aus seinem zaghaften Herzen. Sein Mut rettete ihn nicht vor der Angst. Aber er ließ die Angst nicht alles übernehmen. Er ließ sie nicht sein Wesen und seine Handlungen bestimmen. Er sieht sich seit dem nicht ständig um, ob jemand einen Anschlag auf ihn verüben will. Er misstraut nicht und nimmt sich nicht zurück. Er hat entschieden, dass dieses furchtbare Ereignis sein Leben nicht verändern wird, wenigstens nicht in der Art, wie er seinen Mut, seine Freude, seine Liebe und seine Hoffnung lebt.
So gewannen die Terroristen in seinem Leben nicht. Sie können ihn nicht bestimmen und ihm seine Hoffnung nicht nehmen. Er erlaubt es ihnen in seinem Leben nicht. Er hat diese Haltung üben müssen. Früher meinte er, es wäre nur richtig und ehrlich, mit Angst auf Einschüchterung und Bedrohung zu reagieren, bis er begriff, dass er frei ist, sich zu entscheiden und niemand ihm vorschreibt, wie er zu reagieren hat. Er kann es nicht immer, aber er übt es, wie man eine Fremdsprache übt. Langsam spricht er diese Sprache fließend. Es ist die Sprache des Muts.

Glaubst du, dass es möglich ist, so zu leben, oder machst du die Welt für deine Haltungen verantwortlich?

Aller Mut beginnt bei der Einstellung zu sich selbst. Der tiefste und schwierigste Mut ist der Mut sich selbst gegenüber. Die Mutige weiß, dass letztlich niemand sie so umwerfend und nachhaltend boykottieren kann, wie sie selbst es kann. Bei aller Liebe zu sich selbst weiß sie, dass auch eine Gegnerin in ihr wohnt. Diese tritt nicht als Feindin auf, sondern als eine sie verwöhnende Freundin.

Nötig ist der Mut, der sich gegen diese zweite innere Stimme wehrt. Neben der Entschiedenheit, neben der Selbsttreue, neben der Liebe zu sich selbst gibt es die Stimme, die nichts ernst nimmt, die ausweicht, die nicht redet und der alles Wachsen zu anstrengend ist. Es ist keine böse Stimme, aber eine schlafwandlerische, die versucht, jede Bewusstwerdung zu verhindern.

Die Mutige rettet sich aus dieser Doppelsprache in ihrem Inneren nicht in neue Regeln und Ordnungen. Weil sie mutig ist, kann sie es aushalten, sich den beiden Stimmen auszusetzen. Sie kapituliert nicht vor der Gegnerin in sich. Sie schaut sie an und besinnt sich. Sie durchschaut die verwöhnende Stimme und entscheidet sich für den Mut.

Könnte es sein, dass fast alles bei deiner Vorstellung von dir selbst beginnt und dort deine Kräfte mobilisiert oder vernichtet werden?

Der
tiefste
und
schwierigste
Mut
ist
der
Mut
sich
selbst
gegen-
über.

Der Mutige scheut das offene Wort nicht. Er weiß, dass es Befreiung bringt. Seine Offenheit ist manchmal wie ein chirurgischer Eingriff: Es schmerzt, aber er weiß, dass es nötig ist.
Von Jahr zu Jahr wächst die Direktheit seiner Sprache, ohne dabei frech oder anbiedernd zu werden. Ihn umgibt eine zunehmende Klarheit. Es ist der Mut, den Dingen das unnötig Komplizierte zu nehmen. Diese Form von Mut ist häufig ansteckend. Es ist, als ob andere schon auf seine Offenheit gewartet hätten, um selbst endlich offen und direkt sein zu können.
Bei seiner Wahrheit geht es nicht um Rechthaben. Hier wird deutlich, dass der Mutige im Dienst einer höheren Wirklichkeit steht. Es geht ihm nicht darum, seine Ideen durchzuboxen oder das letzte Wort zu haben. Dann hätte er keine Souveränität.
Würde der Mutige diese Zeilen über sich lesen, würde er versuchen sie abzuschwächen, weil er weiß, dass ihm diese Ehrlichkeit und Direktheit nicht immer gelingt. Aber darum geht es nicht – es ist die Richtung, die so faszinierend ist. Sein Leben zeigt, dass es möglich ist, ehrlich zu sein in einer Welt, in der so viel auf Lüge und Verstellung aufgebaut ist.
Neulich hat er mir gesagt: „Die Wahrheit ist eine Tür in eine ungeheure Weite. In der Lüge wird alles klein und eng." Ich ahne, was er meint. Ich spüre dann einen leichten Wind, der zum tausendsten Mal um die Erde kommt und mich mit allem, was ist, verbindet.

Kann es sein, dass du die Strafe für deine Offenheit mehr fürchtest, als unecht zu sein?

Sie kennt eine Sehnsucht, die fast nicht zu ertragen ist. Aber sie erträgt sie. In ihrer Seele gibt es einen Raum, den sie auf Wunsch besuchen kann. Dort haust die „Grenzenlose", wie sie sie nennt. Dort ist sie die potenzierte Mutige, die in Sternstunden einen Einblick bekommen hat in das, was möglich ist und was zu unserer Berufung als Menschen gehört. Erst hat sie sich abgewandt, weil sie den Unterschied zwischen dem, was sie um sich sah, und ihrer Vision nicht aushalten konnte. Aber dann lernte sie durch viele Schmerzen, dass ihr diese Sicht aus gutem Grund gewährt worden war. Sie wusste, dass sie sie im Leben verkörpern sollte. Das war ihre Berufung.
Nun steckt sie viel Energie in die Verkörperung dessen, was sie gesehen hat und was sie ahnt. Es ist spürbar, dass sie aus einer anderen Quelle lebt. Sie braucht viel, viel Mut, sich selbst so zu sehen und nicht zu erschrecken, dass aus ihrem Sein eine Wirkung in die Welt geht. Aber sie hält es aus, durch ihren Mut und durch die Entschiedenheit, nicht klein zu werden.
Dabei ist die Sehnsucht nicht weggegangen. Vielleicht ist sie sogar größer geworden. Weil sie verwaltet hat, was ihr anvertraut wurde, ist ihr mehr anvertraut worden vom Leben. Es ist nun, als könnte sie durch ihre Sehnsucht die heile, gesunde Welt unter uns spürbar machen. Sie tut es, ohne es direkt anzustreben. Sie lebt ihr Leben, und ihr Leben drückt aus, was möglich ist. Die Sehnsucht ist eine Gestalt, die Menschen bewohnt.

Manchmal ist es nur die Sehnsucht, die uns verbindet, wenn uns alles andere zu trennen scheint. Aber die Sehnsucht reicht.

Der Mutige geht nicht mit geschlossenen Augen im Verkehr über eine Kreuzung. Er spielt nicht russisches Roulette. Der Mutige springt nicht aus dem zehnten Stock auf die Erde. Der Mutige handelt nicht, um mit seinen Handlungen anzugeben.
Er weiß, wo die Grenzen sind, und achtet sie. Er kennt die Lebensordnungen, gegen die er nicht verstoßen will, weil sie Zerstörung mit sich bringen. Dem Mutigen geht es nicht um den Beweis seines Mutes. Es geht ihm um das Erhalten von Leben: seines eigenen, das Leben des anderen und das Leben auf dem Planeten. Mut ist für ihn kaum ein Thema. Er ist erforderlich, um das zu leben, was ihm wichtig ist. Darum empfindet sich der Mutige auch nur selten als mutig. Er denkt darüber nicht nach, aber er denkt viel über das Lebensfördernde seines Wesens nach. Er ist beseelt von dem Gedanken, dem Leben zu verhelfen, sich auszubreiten. Für ihn muss Mut nicht bewiesen werden. Sein Leben drückt aus, was er glaubt.

Mut ist nicht Waghalsigkeit. Verwechselst du diese beiden manchmal unbewusst mit Absicht, um nicht mutig sein zu müssen?

Der Mutige arbeitet wie ein Tennisspieler. Wenn der Ball auf seiner Seite ist, schlägt er ihn zurück. Er braucht dazu die Vorhand, die Rückhand. Er kann einen Slice einsetzen oder schmettern. Es ist alles ihm überlassen, aber er kann den Ball nur auf seiner Seite des Netzes schlagen. Er läuft dem Ball auch nicht hinterher, um ihn nach dem Schlag noch zu leiten oder um dem Gegner zu sagen, was da jetzt für ein Ball kommt. Nachdem er geschlagen hat, ist er frei. Ganz frei. Bis der Ball wieder zurückkommt. Er beobachtet seinen Gegner, deutet, ob dieser zum Schmettern ausholt oder ob er um den Ball herumläuft, um eine Vorhand zu schlagen. Aber er wartet, bis der Ball wieder auf seiner Seite ist. Je nachdem, wie der Ball kommt, entscheidet er sich für seinen nächsten Schlag. Er ist König auf seiner Seite.

Der Mutige ist nur verantwortlich für seine Seite, aber für die ist er ganz verantwortlich. So, wie der Tennisspieler ganz allein auf seiner Seite des Netzes steht – vielleicht vor Tausenden von Zuschauern –, so ist der Mutige allein. Der Spieler bittet seinen Gegner nicht, ihm nur leichte Bälle zuzuspielen. Er jammert nicht über Schmetterbälle und schließt vor ihnen nicht die Augen. Er diskutiert nicht mit dem Schiedsrichter, ob ein Ball aus war, er spielt schon den nächsten Punkt.

Über all dem weiß der Mutige, dass er nur für den nächsten Schlag verantwortlich ist. Den schlägt er nach bestem Ermessen. Am meisten lernt er daraus, wenn er verliert. Darum nennt er es manchmal „Gewinnen", und kaum einer weiß, was er meint.

Bringst du dich selbst durcheinander, weil du meinst, du müsstest die Entscheidungen anderer für sie treffen? Du kannst nur auf deiner Seite des Netzes spielen.

Der Mutige wehrt sich gegen jede Fremdbestimmung. Durch viel Übung hat er ein Gespür entwickelt, das ihm vermittelt, wenn er nicht mehr als Einzelner angesprochen wird, sondern eingebaut werden soll in die Pläne anderer. Seine Liebe zu sich selbst befiehlt ihm, sich zu wehren und sich zu verweigern.
Der Mutige lässt sich nicht nur aus Liebe zu sich selbst, sondern auch aus Liebe zu anderen nicht missbrauchen. Er hat entdeckt, dass ein Mensch sein eigenes Leben zerstört, wenn er ihm erlaubt, ihn zu bestimmen. Sich dem zu widersetzen ist darum ein Akt der Liebe und des Lebens. Widerstand in diesem Sinn ist Liebe. Dieser Widerstand beginnt schon da, wo der Mutige die zweifelhaften Pläne seines Gegenübers erkennt und merkt, dass dieser über ihn verfügen will. Er wehrt sich dagegen.
Besonderer Mut ist gefordert, wenn die Pläne des anderen aus Liebe entstanden sind. Der Mutige wehrt sich gegen eine Liebe, sei sie auch noch so sanft und vorsichtig angebracht, wenn diese seine Grenzen nicht wahrt. So geschieht es, dass der Mutige die Liebe der Liebenden entlarvt. Plötzlich bleibt von dem großen, wunderbaren Wort nur noch das Bestimmenwollen des anderen übrig.
Dies ist nicht der Mut vor dem Feind, sondern der viel schwerere Mut vor dem Freund, vor der Freundin, vor dem Geliebten, vor der Geliebten.

Wenn der Liebende den geliebten Menschen nicht zu sich selbst führt, ist es immer eine Verführung.

Wenn die Lage ausweglos scheint, dann weiß die Mutige, dass sie vor einem ganz neuen Weg steht. Gerade in ausweglosen Lagen öffnen sich ungeahnte Wege. Aus vielen Erfahrungen weiß sie, dass sie untergehen kann in der Ausweglosigkeit. Es ist ihr schon passiert. Darum achtet sie auf ihre Haltung. Durch ihren Mut hat sie die Fähigkeit, nicht hoffnungslos zu werden, sondern noch offen für den neuen Weg zu bleiben. Dahinter steht bei ihr die Überzeugung, dass das Leben nicht leicht ist und nicht leicht sein muss. Ebenso weiß sie, dass jedes wirkliche Wachstum durch tiefe Ratlosigkeit vorbereitet wird. Durch Leere kommt Fülle. Sie wiederholt dies manchmal: Durch Leere kommt Fülle. Durch Leere kommt Fülle. Durch Leere kommt Fülle. Und an besonderen Tagen wagt sie sogar über die Umkehrung dieses Satzes nachzudenken: Durch Fülle kommt Leere. Noch hat sie Angst vor dieser Leere, aber sie fühlt sich stark von ihr angezogen.

Kannst du glauben, dass die Ratlosigkeit selbst schon die erste Strecke des neuen Weges ist?

Der Mutige erkennt immer wieder, dass die großen Dinge nicht immer die großen Dinge sind und dass das Kleine das ganz Wichtige sein kann. Darum ist er darauf bedacht, alles aufmerksam zu betrachten und den tiefen Sinn zu erkennen. Jeden Tag übt er, die Welt nicht so zu sehen, wie „man" sie sieht, weil er weiß, dass alles in unserem Leben von unserer Sicht abhängig ist. Er bemüht sich um eine ganz persönliche Sicht. Er weiß, dass er mit seiner Sicht die Gestalt der Welt bestimmt. Er lernt, dass die Wirklichkeit in ihm entsteht. Darum hat die objektive Wirklichkeit wenig Bedeutung für ihn.
Es gibt Tage, da lächelt er. Er belächelt nichts von oben herab, aber an diesen Tagen lebt er aus einer „Übersicht", von der aus er das Große Bild sehen kann: seine eigene Existenz im Rahmen der Ewigkeit. Da werden manche seiner Überlegungen und Nöte so klein, dass er nur lächeln kann. Er hat den Mut, einen Schritt oder auch mehrere zurückzutreten und zu sehen, dass es einen größeren Sinn gibt, als den, ein überzeugendes Argument zu haben, gut auszusehen, etwas zu verstehen oder auf dem neuesten Stand zu sein.

Was ist für dich „groß" und „klein", wenn du vergisst, was andere denken?

Der Mutige verbringt wenig Zeit mit Reue und Selbstbezichtigungen. Er findet das Zeitverschwendung. Sein Mut erlaubt ihm, sich selbst zu vergeben. Er sieht an, was er getan hat, und wenn er findet, dass dadurch Leben nicht gefördert wird – sein eigenes Leben, das Leben seiner Mitmenschen und das auf dem Planeten –, dann korrigiert er seinen Kurs und macht es anders. Er muss sich dabei nicht schlecht fühlen, zerknirscht sein und sich selbst nicht versprechen, das nie wieder so zu machen.
Wichtig ist ihm nur, aus dem gemachten Fehler zu lernen, um beim nächsten Mal lebensfördernder zu handeln. Sein Glaube an seine eigene Entwicklung kalkuliert Fehler mit ein. Es lohnt sich für ihn auch nicht, sich selbst die eigenen Fehler vorzuhalten, als würde er nie Fehler machen. Er hat sich vom verkappten Hochmut verabschiedet, der uns vorgaukelt, es ließe sich leben, ohne Fehler zu machen. Für ihn ist das Fehlermachen Teil des Wachsens.

Willst du dich ein wenig schlecht fühlen? Meinst du damit das Schicksal gütiger stimmen zu können? Gibt es ein Schicksal, das nicht bei dir beginnt?

Der Mutige ist ein Abenteurer. Im Mittelalter hieß das Wort „Aventiure“ und bedeutete „Wagnis“. Er wagt und erlebt darin seine Lebendigkeit. Er hat erkannt, dass es keine Sicherheit gibt. Auch jenen oder vielleicht gerade jenen, der zu Hause sitzt und nichts wagt, ereilt der Tod durch einen Herzschlag, während der Abenteurer auf einem dünnen Seil von einem Hochhaus zum anderen geht und lebt.

Es gibt kaum noch weiße Flecken auf der Landkarte. Wir haben alles erforscht, kartografiert, beschrieben, fotografiert. Aber auf der Landkarte unseres eigenen Herzens gibt es noch viele weiße Flecken. Dorthin begibt sich der Abenteurer. Seine Expeditionen gehen an den Rand der Liebe und des Leids. Er zeichnet Karten für das Wagnis mit Mut. Wenn er sich ausrüstet, dann nicht mit Konserven und Trockenobst, sondern mit der Nachhaltigkeit der Sanftmut und der Weite des Vertrauens. Er braucht einen Schlitten voll Geduld, einen Rucksack voll Durchhaltevermögen. Unter seinen zarten, festen Händen entsteht die innere Welt zu dem Wunder, das sie immer war.

Das Denken ist ein Abenteuer – vielleicht ist es sogar das Abenteuer schlechthin.

Vielleicht hat die Angst vor unserem Inneren mit der Endlosigkeit unserer Seele zu tun und mit der Überraschung, die wir für uns sein können. Aber das gehört zu uns. Auch das können wir lieben lernen.

Unter den zarten,
festen Händen
des Mutigen
entsteht die innere Welt
zu dem Wunder,
das sie immer war.

Der Mutige hält es aus, vor der Tragik des Lebens zu stehen. Gemeint sind hier nicht die täglichen Missstände, an denen wir alle leiden, oder die Schicksalsschläge, die uns heimsuchen, sondern das existenzielle Wissen um unsere Sterblichkeit. Wir sind auf die Erde gekommen, wir haben uns ausgebreitet, haben Verbindungen mit viel Liebe geknüpft und uns eine ganze Welt aufgebaut. Diese Welt ist jeden Tag gefährdet, und sie wird eines Tages enden. Wir werden verschwinden, und irgendwann wird es so sein, als hätte es uns nicht gegeben. Das ist die tiefe Tragik, vor der der Mutige nicht die Augen schließt.

Der Mutige pflastert die Tragik nicht mit Antworten zu, die er in der Tiefe seines Wesens nicht glauben kann. Er lenkt sich nicht ab, um in Nebenbeschäftigungen verloren zu gehen. Er betrügt sich nicht mit Vermutungen. Er verdrängt die Tragik nicht, in dem er mehr und mehr in sein Leben packt, um mit Fülle den kommenden Tod zu verdecken. Er gibt zu, kein Rezept gegen diese Ungeheuerlichkeit zu haben. Er hält es aus. Manchmal lässt er es dabei bewenden. Er hält es nur aus. Es ist Mut inmitten dieser Angst und Unsicherheit.

Aber manchmal setzt er etwas dagegen. Nachdem er in den Abgrund hineingesehen hat, nachdem die Schmerzen durch seine Seele gezogen sind wie ein großer Fluss, nachdem eine tiefe Wehmut und Trauer ihn fast lebensunfähig gemacht haben, zückt er seinen Glauben. Dieses Zücken des Glaubens ist auch ein Schritt des Muts, weil der Glaube sich nicht beweisen lässt. Es ist der Schritt in die Luft über den Abgrund. Sein Glaube ist kein Pflaster, kein Schwert zur Verteidigung, kein Allheilmittel, keine Reihe von Dogmen, mit denen man die Welt in Fächer einordnen kann. Der Glaube des Mutigen ist die Fähigkeit und Entscheidung, sich zu erheben und aufrecht zu gehen.

Aus dem Reichtum seines inneren Lebens entwickelt der Mutige eine Sicht, mit der er auch dem Schwierigsten im Leben eine Bedeutung zuschreibt. Er bestimmt die Bedeutung. Das hebt die Tragik nicht auf, aber mit seinem Mut verhandelt er mit der Tragik. Er erlaubt ihr zu bestehen, wenn sie ihm erlaubt, neben ihr zu stehen mit der Bedeutung, die er dem Leben gibt. Dann meißelt er wie ein Bildhauer aus dem großen Felsblock Tragik eine Figur heraus. Es braucht Jahre, bis Kopf, Torso, Arme und Beine der Gestalt erscheinen. Sein Glaube und sein Mut sehnen die Gestalt hervor. Der Mutige wird zum Dichter seines eigenen Lebens. Er erfindet eine Welt, in der die Luft trägt und in der alles spricht und ihn meint.
So koexistiert er mit der Tragik, mit dem alles verschluckenden Abgrund. Er geht auf Messers Schneide, er tanzt in der Luft. Er entsteht und vergeht. Er geht in die hohe Schule des Muts. Und wenn ihn dann irgendwann der Tod ereilt, weiß er, dass er gelebt hat, wie man nur leben kann – in der Dichte des Lebens, ohne Selbstbetrug und ohne Verneinung dessen, was ist und was unsere Seele und unser Geist kennen, lieben und fürchten.

Spürst du deine innere Größe, wenn du dem Schmerz der Sterblichkeit gegenüberstehst? Es adelt dich, die billigen Auswege abzulehnen.

Es kann geschehen, dass die Mutige mitten in der Nacht aufwacht, vielleicht getrieben von einem Bild aus ihrem Traum oder von einem Gedanken, der in ihr ohne ihr Zutun hin und her gezogen ist und sie am Ende geweckt hat. Sie ist im ersten Moment hilflos, sie spürt die Härte des Wachseins, die Einsamkeit der Nacht, die fast unüberbrückbare Entfernung zum nächsten Menschen, sogar zu dem Menschen, der neben ihr liegen mag. Sie sammelt ihre Energie, um zu fliehen. Sie weiß nicht, wohin, aber sie macht sich bereit zu fliehen – irgendwohin.
Dann schiebt sich etwas zwischen ihre Fluchtgedanken. Es ist heute der Gedanke ihrer Würde. Sie spürt in dem Moment ihre Würde nicht, aber sie erinnert sich an sie. Es ist, als habe sie auf einem besonderen Konto eine Summe Geld hinterlegt, um an schwierigen Tagen etwas von diesem Konto abheben zu können. Es ist ihr „Würdekonto". Dorthin geht sie jetzt, um sich gegen die Dunkelheit dieser Nacht zu behaupten. Sie stellt sich selbst einen Scheck aus und löst ihn jetzt ein. Sie braucht dieses Konto – es war wichtig, dass sie es irgendwann angelegt hat, weil sie in schlechten Zeiten kein Geld hat, keine Würde, keine Stärke, sondern nur Angst und innere Armut.
Auf dem „Würdekonto" liegt die „Würdewährung". Vielleicht spricht sie still vor sich hin, dass sie einmalig ist, dass sie sich liebt, dass sie eingewirkt ist in den großen Teppich des Lebens. Da verliert die Nacht ihre dunkle Tiefe. Es ist kein Licht angegangen, nur in ihr selbst, in der Mutigen. Manchmal bohrt sie ihren Blick in die Dunkelheit, und es ist ihr dann, als erzeuge sie Licht mit ihrer Intensität und als würde ihre Seele von der Energie ihres Muts erhellt.

Wie tief glaubst du deine Würde? Hängt sie von etwas ab?

Manchmal kommt die Mutlosigkeit und schmiegt sich an wie eine Katze. Sie schnurrt und sagt: „Ich mache alles einfacher, weil ich dich aus der Spannung heraushole." Einen Moment lang ist sogar der Mutige verunsichert. „Es könnte ja sein, dass ich mir zu viel vornehme und zu viel zumute", sagt er sich. Aber dann erinnert er sich: „Ich habe nicht den Mut, mutlos zu sein. Ich kann es mir nicht leisten, mutlos zu sein."

Er durchschaut den Trick der Mutlosigkeit, die sich als der einfachere Weg ausgibt. Aber der Mutige weiß schon lange (manchmal vergisst er es, wie wir alle), dass Mutlosigkeit Tod ist. Es ist nicht der Tod, der uns einmal hinwegraffen wird, sondern es ist der Tod mitten im Leben. Wir gehen umher, wir reden, wir kaufen und verkaufen, wie essen, wir stehen auf und legen uns nieder, alles mit der Schwere des jetzigen Todes. Dass der Tod, der uns allen bevorsteht, seine Schatten manchmal nach rückwärts in unsere Gegenwart wirft, kennen wir. Aber dies sind nicht nur Schatten, sondern dies ist der Tod im Leben, der dem Leben sein Wunder raubt und es zersetzt. Es ist nicht der Tod, der das Leben lebendiger macht, sondern der Tod, der das Leben entleert. Mitten im Leben lösen wir uns auf – unsere Seele wird zu Staub, unser Herz wird auf seltsame Weise lauwarm, unser Geist dreht sich im Kreis.

Dieser Mutlosigkeit gibt er nicht nach. Dafür ist er nicht „mutig" genug. Dafür will er nie „mutig" genug sein.

Woher nehmen wir den Mut, mutlos zu sein?

Die Mutige hat einen Garten, den sie liebt. Sie hat einmal im Zusammenhang mit ihrem Garten etwas gelernt, das sie nicht wieder vergessen hat. Ihr war schon lange klar, dass manches im Leben zu „machen" ist, während man anderes nur „gewähren" lässt. Eine Pflanze muss man wachsen lassen. Da besuchte sie jemand, dessen Muttersprache Englisch war. Der sprach immer wieder von „to grow things". Er sagte nicht „to let grow" – wachsen lassen, sondern er gebrauchte „grow" als etwas, was er selbst tat. Er „wuchs" etwas. Er ließ es nicht nur geschehen, sondern tat es selbst aktiv. Erst wollte sie es als „machen" und ihn als einen „Macher" abtun, dann aber ging ihr auf, dass diese feine Unterscheidung für ihr Leben wichtig sein könnte. Etwas zu „wachsen" heißt, alles zu tun, dass dieses Wachsen geschehen kann: den Boden vorbereiten, den Samen kaufen, die kleine Pflanze vor zu starkem Regen und zu intensivem Sonnenschein zu schützen, fürsorglich an sie zu denken.
Jetzt „wächst" sie Sachen: unter anderem auch den Mut. Sie schafft die Situation, in der das geschehen kann, was sie nicht machen kann. Sie schafft die Bedingungen und wartet.

Wo geschieht in deinem Leben etwas nicht, was du dir sehr wünschst? „Wächst" du etwas oder erwartest du das Wunder nur von außen?

Es gibt Menschen, die meinen, der Mutige hätte nicht die Fähigkeit der Hingabe, weil er aus der Stärke seines Mutes lebt. Aber so es ist nicht. Der Mutige lebt nicht ohne Hingabe. Er weiß, dass Hingabe nicht Selbstaufgabe ist, vielleicht sogar eher das Gegenteil. Er hat entdeckt, dass er mit seiner Hingabe an einen Menschen (auch an Gott, an eine Sache, an einen Ort, an einen Gedanken) auf geheimnisvolle Weise zu sich selbst kommt. Er bekommt sich selbst zurück. Er hat durchschaut, dass er sich selbst weggeben muss, wenn er sich haben will. Er lebt darum nicht in sicherer Distanz, sondern wagt sich vor. Er wagt es, sich zu zeigen. Er getraut sich, verletzbar zu sein. Er sagt: „Es ist Teil des Lebens, verletzt zu werden." Seitdem ist er nicht mehr überrascht, wenn er verletzt wird. Es gehört dazu. Es schmerzt dadurch nicht weniger, aber die Schmerzen sind leichter zu ertragen, weil sie unumgänglich sind. Es ist, als ginge er seitdem aufrechter.

Schon oft hat er gedacht, dass Hingabe sehr viel Mut erfordert, wenn sie nicht Selbstaufgabe werden soll. Der Mut besteht darin, die Grenze aufrecht zu erhalten. Sich ganz wegzugeben oder sich ganz zu behalten ist leicht. Beides zur gleichen Zeit zu tun, ist schwer.

Könnte es sein, dass du mehr verlierst, wenn du so lebst, dass du nichts mehr verlieren kannst, als wenn du tatsächlich bei deinem Wagnis etwas verlierst? Unser Sicherheitsbedürfnis kann ein Feind sein.

Gewissen: Der Mutige hat ein eigenwilliges Verhältnis zu seinem Gewissen. Schon oft hat er erlebt, dass sein Gewissen von zweifelhaften Überlegungen gesteuert worden ist. Er hat die Stimme seiner Mutter gehört, die Pflegeleichtheit von ihm wünschte. Sie wollte einen Sohn, der den Status quo erhält und keine Unruhe bringt. Darum meldet sich sein Gewissen immer, wenn er diesen Rahmen verlässt. Er hat schon früh gemerkt, dass das Gewissen sich genau dann meldet, wenn es wichtig ist, etwas Außergewöhnliches zu tun.
Jetzt setzt er eine Frage ein, um sich selbst Klarheit zu verschaffen: Fördert, was ich tue, Leben, oder verhindert es Leben? Das ist die Frage seines neuen Gewissens. Aber immer noch spürt er das alte Gewissen mit seinem zweifelhaften Flüstern. Von diesem Gewissen wendet er sich ab. Manchmal braucht er dazu mehr Mut, als er meint zu haben. Aber wenn er dennoch so handelt, merkt er, wie der Mut wächst.
Er kann die zweifelhaften Stimmen von Jahr zu Jahr besser deuten. Er weiß immer besser, woher sie kommen und warum sie sich melden. Er liebt sein neues Gewissen – nicht so, wie man ein neues Spielzeug liebt, aber wie eine innere Heimat, in die man nach einem langen Aufenthalt in der Fremde zurückgekehrt ist.

Hast du Angst, dich deinem Gewissen zu widersetzen, auch wenn du weißt, dass es von einer Stimme geprägt ist, die nur will, dass du keine Unruhe stiftest – auch wenn Unruhe genau das Richtige wäre?

Hinter den Tugenden – den Haltungen, die Leben fördern und uns edeln und ehren – weiß die Mutige den Mut zu entdecken. Ohne den Mut sind Freundlichkeit, Geduld, Zuvorkommendheit und Opferbereitschaft oft nur Ideen, die nicht umgesetzt werden. Der Mut macht sie zur Wirklichkeit, auch gerade dann, wenn sie schwer zu leben sind. Darum konzentriert sich die Mutige auf den Mut und hofft, damit in sich den anderen Haltungen den Weg zu bereiten. Sie sagt es sich manchmal leise und sogar laut: „Mut bereitet den Weg." Es ist, als ginge sie damit an die Quelle der Kraft.
Darum ist die Mutige meistens nicht nur mutig, sondern in ihrem tiefen Mut wird sie auch freundlich, zuvorkommend und geduldig. Durch ihren Mut begegnet sie den Leben zerstörenden Haltungen in sich mit Entschiedenheit. Sie räumt in sich auf und erlaubt sich nicht, „in den Seilen zu hängen" und nach Mitleid (auch nicht von sich selbst) Ausschau zu halten. Und wenn sie drauf und dran ist, sich zu verwöhnen, weil ihr die Entschiedenheit fehlt, mit sich selbst so hart zu sein, wie es nötig wäre, dann erinnert sie sich an die Quelle und holt sich von dort Mut.
Sie weiß, dass sie ihr ganzes Leben pflegt, wenn sie an ihrem Mut arbeitet. Nichts ist ausgenommen, weil zu allem Wichtigen Mut nötig ist.

Durch deine eingestandene Angst bist du automatisch eine Kandidatin für den Mut.

Wenn der Mutige mit Gott kämpfen möchte, weil er das Leid der Welt sieht und Gott nicht mehr versteht, so tut er es. Er wird nicht von der Angst Gott gegenüber bestimmt. Er versteht sich als einen Teil von Gott. Er sieht seine Gedanken als die Gedanken Gottes – manchmal als die Gedanken der dunklen Seite Gottes, aber immer noch als die Gedanken Gottes. Er redet mit Gott wie mit einem Freund, den er liebt, zurechtweist, anklagt, über den er den Kopf schüttelt und den er doch nicht lässt. Er trennt sich nicht von Gott, wie er sich nicht von sich selbst trennt. Selbst dann nicht, wenn er daran zweifelt, ob es Gott gibt. Gerade dann nicht. Auch da lebt der Mutige wie so oft nicht nur aus seinen Gefühlen, sondern aus seiner Entscheidung, aus seinem Willen.
Es gibt noch Restbestände der Angst vor Gott im Wesen des Mutigen. Er spürt die Jahrtausende alte Haltung, mit der unsere Vorfahren versuchten, Gott gütig zu stimmen: Es ist das Bestreben, Gott zu gefallen und ihn nicht herauszufordern. Dazu gehört auch die Abhängigkeit, Unterwürfigkeit und Hilflosigkeit Gott gegenüber. Als der Mutige begann, den Weg des Muts zu gehen, hat er sich von Tag zu Tag einen anderen Gott vorgestellt. Es fiel ihm schwer, weil die alten Bilder so tief in seine Seele gefallen waren. Aber langsam begann sein Gott ihn mit einer großen Wärme und Zuwendung zu erfüllen. Da zog die Angst sich zurück, und im Herzen des Mutigen wurde vieles anders.
Es gibt einen ganz verwegenen Gedanken, den der Mutige sich manchmal getraut zu denken: Selbst wenn Gott nicht so ist, wie ich ihn denke, dann sollte er so sein und sich ein wenig nach meinem Bild von ihm richten.

Ist dein Gott unantastbar? Würde er deine Fragen nicht aushalten?

Die Mutige weiß, dass die kleinen persönlichen, privaten Siege im eigenen Leben dem Erfolg im öffentlichen Leben vorangehen müssen. Das alte mystische Wort von der Einheit von innen und außen nimmt sie ernst. Was sie in der Stille bei sich erreicht, bringt sie in ihr äußeres Leben mit. Ihr Mut richtete sich darum immer zuerst nach innen. Sie fordert zuerst sich selbst heraus. Sie findet bei sich, was noch fehlt. Sie gebraucht niemanden und nichts, um ihren eigenen fehlenden Mut nicht ansehen zu müssen. Sie begreift, dass die Schuld – wenn es überhaupt nötig ist, von Schuld zu reden – nicht bei den anderen und den Umständen liegt.
Sie wählt nicht mehr die Ablenkung. Und doch kennt sie die Versuchung, diesen Weg zu gehen. Wie sich die Schuldzuweisung anbietet! Und schon wäre sie nicht mehr verantwortlich. Aber sie widersteht. Sie tut es nicht, weil sie damit jemandem die Schuld geben würde, aber weil sie sich selbst auf ihrem kostbaren Weg unterbrechen würde. Sie würde zurückfallen in das alte Muster und sich in die Hände von Menschen geben, sodass ein Geflecht von Umständen sie wieder bestimmen könnte. Dahin will sie nicht zurück. Sie weiß, dass es eine Sackgasse ist.

Könnte es sein, dass dein stiller Ärger über die anderen dir zeigen will, wo du die Verantwortung für dein Leben noch nicht ganz übernommen hast?

Der Mutige lebt von innen nach außen. Dies zu tun, ist eine seiner wichtigsten Entdeckungen. Er liebt diesen Innenraum. Er trifft Gott in ihm. Er beginnt bei sich, bei seinem Leben, bei seinen Überlegungen, bei seinen Nöten, bei seinen Träumen und nicht bei einer Regel, bei einem Dogma, bei der Tradition oder bei einer gesellschaftlichen Ordnung. Er hat nichts gegen diese Dinge, aber er hat einen anderen Ausgangspunkt gewählt. Er hört zuerst auf seine innere Stimme – da beginnt für ihn alles. Danach, erst danach, dürfen die Regeln, die Dogmen, die Ordnungen und die Tradition ins Spiel kommen. Danach.

Damit stößt er überall auf Widerstand. Manche vermuten, er sei ein Anarchist, Chaot oder Freidenker, und schon kommen die Stimmen: „Aber du kannst doch nicht, du darfst doch nicht …". Das ist der Punkt, an dem sein Mut gefordert ist, weil er gegen diese Stimmen anleben muss. Er bezieht dabei keine kämpferische Position, sondern eher die einer stillen Insistenz. Er bleibt bei sich, er bleibt bei dem, was er in sich spürt. Es gehört viel Mut dazu, nicht zu kämpfen. Es ist mutig, in den Augen der anderen zu verlieren. Je mehr man verliert, desto weniger muss man verteidigen.

Kennst du diesen Raum in dir? Liebst du ihn?

Der Mutige lebt
von innen
nach außen.

Der Mutige sagt häufig: Es gibt einen Weg. Er meint nicht, dass etwas einfach sein wird, es kann sogar durchaus schwierig werden. Aber es gibt einen Weg. Als Gedächtnishilfe sieht er seine Hand an, den Zeigefinger und den Daumen und den Winkel zwischen den beiden. Er sieht dieses „V" an und sieht darin, dass es immer eine Alternative gibt. Es gibt immer zumindest zwei Wege – den „Daumenweg" und den „Zeigefingerweg".
Er gibt den zerstörerischen Kräften, die ihn umgeben, die auch zu den elementaren Energien der Welt gehören, nicht die Oberhand. Er nimmt sie ernst, aber es gibt immer noch den anderen Weg. Immer bleibt ihm der Weg, auf dem er die Haltung wählt, wie er dem begegnet, was ihm geschieht. So tief ist dieser Glaube in ihm verankert, dass er zur zweiten Natur geworden ist.
Es ist eine der größten und wichtigsten Entdeckungen des Mutigen, dass das sogar in ausweglosen Situationen noch möglich ist. Er weiß, dass die Aussichtslosigkeit sich nur auf die äußeren Umstände bezieht. Wenn er will, bleibt er unantastbar für die Ausweglosigkeit. Sich ihr zu unterstellen heißt, aussichtslos zu werden. Die Sicht verschwindet. Das eine beschreibt die Situation, das andere die Haltung zu der Situation. Er weiß, dass er die Situation nicht verändern kann, wohl aber seine Einstellung zu ihr.
Es gibt einen Weg – sieh dir das „V" zwischen deinem Daumen und Zeigefinger an. Es gibt einen Weg.

Im bewussten Trennen von Situation und Haltung entscheidet sich, ob du den Umständen deines Lebens ausgeliefert sein wirst oder ob du sie durch deine Einstellung zu ihnen gestaltest, selbst dort, wo du sie nicht verändern kannst.

Zur Stille der Mutigen gibt es etwas zu sagen. Mut hat etwas Heroisches, und darum gibt es das Bild des mutigen Menschen, der sich selbst darstellt, der auffällt, der vielleicht sogar angibt mit seinem Mut. Doch sind die meisten Mutigen bestrebt, ihren Mut in aller Stille zu leben. Es ist die Stille, die dem Mut ein inneres Glühen verleiht:

Da steht eine Frau ganz zu sich, zu ihrer Entschiedenheit, ohne laut zu werden, ohne Beweise aufzufahren, ohne Überzeugungsarbeit zu tun. Sie ruht in sich, und eine Welle der Kraft geht von ihr aus. Nicht, dass sie immer Recht hat, das ist nicht, worauf sich ihre Kraft und ihr Mut beziehen. Es ist ihre Treue zu sich selbst, zu ihrer Erkenntnis, zu ihrem Weg, die sie auszeichnet.

Oder ein Mann wagt es, die Erwartungen, die andere an ihn haben, nicht zu erfüllen. Er will seinem inneren Hunger nachgehen. So stark ist sein Wunsch, dass der Wunsch ihn verwandelt und er einen Raum der Stille ins Leben trägt, an dem andere gesunden. Er weiß es nicht, und sogar die Gesundgewordenen ahnen nicht, was sie geheilt hat.

Die Festigkeit der Überzeugung dieser beiden kommt aus ihrem Mut und stärkt ihn zugleich. Es ist, als stellten sie sich in einen Kreis des Muts: Sie schöpfen Kraft aus ihm und geben gleichzeitig Kraft in diesen Kreis hinein. Stille ist ihre Partnerin.

Stelle dir vor, wie die Dichte deines Lebens in der Stille zunimmt. Denke ein Bild dafür.

Der Mutige ist geduldig. Sein Leben ist gekennzeichnet von der Fähigkeit, warten zu können. Er hat oft erlebt, dass das Wichtige zu ihm kommt, wenn er lange genug wartet. Sein Warten ist ein achtsames, offenes Warten. Er schläft dabei nicht ein. Er übergibt dem Warten nicht sein Leben – er behält es selbst in der Hand. Es ist der Mut zum Moment.
Es gibt Warter, die warten nur. Sie haben alles andere verlernt. Sie haben ihr Leben der Zeit übergeben, in dem stillen Glauben, dass die Zeit alles machen werde. Aber die Zeit macht sie nur kaputt. Sie sind unfähig geworden, etwas in die Hand zu nehmen. Sie warten, als wüssten sie schon, dass sie verlieren werden. Sie warten aus Angst und nicht, weil sie wissen, dass irgendwann die Zeit erfüllt ist.
Wenn der Mutige einen unmutigen Tag erwischt, dann versucht er etwas herbeizuzwingen. Manchmal spielt das Leben mit und gibt ihm, worauf er nicht mehr warten kann. Aber oft rückt durch seine Ungeduld das Erwartete noch weiter in die Zukunft.
Er arbeitet an seinem Mut zur Verlangsamung, in einer Zeit, in der Geschwindigkeit Gott ist. „Wir brauchen Lichtgeschwindigkeit", rufen sie. Er hält das Schneckentempo dagegen, wird ein Igel und lässt die Hasen rasen.
Es braucht Mut, immer noch nicht angekommen zu sein, wo die anderen sind und wo sie ihn erwarten. Aber er entdeckt dabei, dass er nicht da ankommt, wo die anderen sind, sondern in einer eigenen Welt, in der feine Fäden gesponnen sind, auf denen Geheimnisse reisen.
Geduld ist die Fähigkeit, die Zeit zu lesen: die großen Entwicklungsromane, die Romane der Liebe, die Gedichte der Liebe und des Loslassens.

Hast du Zeit, wofür du Zeit haben möchtest?

Gelegentlich erlaubt sich die Mutige, in ihrem Denken aus dem Rahmen zu fallen. Sie denkt außerhalb des Kästchens. Sie stellt Dinge auf den Kopf. Sie zerbricht alte Muster und kümmert sich nicht darum, ob es erlaubt ist. Sie macht es nicht, um zu schockieren oder sich selbst interessant zu machen. Im Interesse einer inneren Weite ist es ihr ein Bedürfnis, so zu denken. Sie schafft es, die kleinen Stimmen, die sie früher von diesem Denken abgehalten haben, nicht mehr wichtig zu nehmen. Sie entscheidet jetzt. Es ist der Mut, die Schere, die jeder von uns im Kopf trägt, nicht schon einzusetzen, ehe man deutlich sieht, was sie wegschneiden will.
Nichts in ihrem Denken ist für sie unantastbar. Aber alles „Antasten" geschieht mit einem tiefen Respekt. Sie verachtet ihre alten Gedanken nicht, weil sie weiß, dass sie wichtig in ihrer Entwicklung waren. Sie prüft, ob der Ursprung des Denkens Angst war, und sie prüft, ob ihr Denken Türen zum Leben öffnen kann. Dann entscheidet sie, ob es „antastbar" ist. So kommt neues, überraschendes Denken zu Stande. Es ist der Ausdruck eines Muts, der aus einem tiefen Vertrauen zum Leben kommt und der die Welt als nicht fertig denkt. Alles ist Prozess und Entstehung, auch unser Denken und unsere Werte.
So meinte sie neulich lächelnd, man müsse Gott vergeben, weil er am Ende an allem Schuld sei. „Ich habe mich nicht gemacht. Ich tue nur das Beste mit dem, was ich bekommen habe. Er hat doch gewusst, dass ich so sein werde, wie ich bin." Sie sagt, sie brauche die Freiheit, so zu denken und so zu reden. Da tut sich eine Tür auf.

Es gibt das Tabu im Tabu im Tabu. Es könnte sein, dass du etwas nicht denkst, weil du es dir nicht erlauben kannst, zu denken, dass du es denken könntest.

Der Mutige lässt sich nicht blenden von Schein und Glanz. Wenn alle „Hurra" rufen, kann er schweigen. Gelegentlich erzählt er das Märchen vom Kaiser, der nackt umherlief und dem niemand getraute zu sagen, dass er nackt war, bis ein Kind es wagte. Er spielt nicht mit, wenn die Verehrungstrommeln wieder geschlagen werden, wenn die Lobreden beginnen und die Preise verteilt werden.
Wenn er es für nötig hält, dann erhebt er sogar seine Stimme dagegen. Besonders wenn man ihn schon mit eingeplant und hochgerechnet hat und keine eigene Stimme mehr von ihm erwartet, dann meldet er sich zu Wort und stellt in Frage, was andere ohne Frage annehmen. Ohne Mutige wäre die Welt arm.
Es gibt noch eine andere Art der Übereinstimmung, gegen die er sich wehrt. Sie geschieht unauffälliger. Ein Freund legt seinen Arm um ihn oder wählt einen Ton, gegen den sich der Mutige kaum wehren kann. Er wird vereinnahmt. Es wird vorausgesetzt, dass er die Welt so sieht wie der Redende. Es gehört Mut dazu, diese „Eintracht" zu stören. Es erfordert Einsatz, sich gegen diese Vertrautheit zu wehren – aber er tut es.

Wie viel geschieht mit dir, ohne dass du es willst? Wie kann jemand über dich verfügen? Wie kam es zu der Vermessenheit?

Die Mutige kennt eine Empfindsamkeit, die aus einer anderen Welt zu kommen scheint. Sie macht sie so verletzbar, dass sie sich manchmal bei so viel Zartheit nicht zu helfen weiß. Diese Empfindsamkeit kann zu einer Angstquelle in ihrem Leben werden. Sie denkt: „Wie kann ich mit dieser Zartheit leben, und wie kann ich mit ihr leben, wenn sie noch zunimmt, wie sie es die letzten Jahre getan hat? Wie kann ich damit leben?"
In genau diesem Moment bietet sich die Abhärtung an. Sie weiß, dass sie immer um die nächste Ecke wartet. Es ist die nächstliegende Reaktion, wenn etwas zu viel ist. Aber die Mutige hat sich vor langer Zeit gesagt und es seitdem immer wiederholt, dass sie sich nicht von der Angst regieren lassen wird. So schickt sie die Abhärtung weg und bleibt verletzbar. Sie ist es zuerst vor sich selbst, in der Tiefe ihrer Seele, wo die Schwierigkeiten beginnen. Da steht sie vor sich selbst und hält sich aus, hält das erschreckend Wunderbare der Verletzbarkeit aus, hält aus, nicht gewappnet zu sein gegen die Härte des Lebens, auch wenn es nur um Gedanken und Ahnungen geht.
Dieses Aushalten ist in diesem Moment der Schritt. Zu mehr ist sie nicht fähig, zu mehr braucht sie nicht fähig zu sein. Sie hält aus, dass es so ist, dass sie so ist. Das ist ihr Mut, ihr großer Mut in diesem Moment, an diesem Tag. Sie hat gelernt, nicht mehr von sich selbst zu verlangen.

Vielleicht ist für dich im Augenblick nicht mehr möglich, als dich selbst auszuhalten. Das ist viel.

Der Mutige gibt Dinge aus der Hand. Er definiert sich nicht durch das, was er managt. Im Interesse dessen, was er in der Hand hält, erkennt er, dass es in anderen Händen besser aufgehoben sein mag. Es macht ihm wenig aus, wenn andere das als seine Unfähigkeit deuten. Der Mutige kennt seine Grenzen, und gerade das macht ihn grenzenlos, weil er durch seinen Mut auf die Fähigkeiten aller zurückgreifen kann. So vergrößert er seine Begabung, und so wird gelöst, was gelöst werden kann.
Er erkennt, dass es ihn klein macht, alles in der Hand halten zu wollen. Er weiß, dass andere so viel wissen wie er, dass sie so gut sind, so weit schauen können und so kreativ sind wie er. Sein Mut macht es deutlich. Dahinter steht die Überzeugung, eingebettet zu sein in ein Netz von Millionen, die alle auf ihre Weise beitragen. Was alle angeht, müssen alle angehen.

Die Angst, etwas nicht zu können, lässt uns große Dummheiten machen. So versagen wir nur, weil wir nicht versagen wollten. Es lag nicht an unseren fehlenden Fähigkeiten.

Er besitzt, als besitze er nicht – so lebt der Mutige. Von Jahr zu Jahr wächst in ihm die Einsicht, dass er nichts festhalten kann. Alles ist ihm nur geliehen: für den Moment, für den Tag, für das Jahr und am Ende nur für dieses Leben. Er muss alles zurückgeben. An unserem letzten Kleidungsstück brauchen wir keine Taschen. Darum hat er, was er hat, in einer zarten Vorläufigkeit. Und er ist, was er ist, in dem beglückenden, wenn auch manchmal schmerzvollen Prozess des Werdens. Das Wort „endgültig" braucht er nur sehr selten.
Er hat die Wolken als Sinnbild genommen. Mitten am blauen Himmel, der endlos und zeitlos scheint, bauen sie sich plötzlich auf, und genau so plötzlich können sie wieder verschwinden. Jede Festigkeit ist begrenzt und häufig nur eine Illusion.
Sein Mut erlaubt ihm, sein ganzes Leben so offen zu halten. Er trägt alles auf der offenen Hand – seinen Besitz, seine Sicherheit, seinen Glauben, seine Freundschaften. Wenn er sich stark fühlt, befreit ihn diese Offenheit, und er ahnt in ihr die Offenheit Gottes, diese unbeschreibliche Kraft, an der wir und die Dinge sich reiben und wachsen.

Nur, was wir nicht festhalten, kann freiwillig bei uns sein.

Der Mutige sagt sich jeden Tag, dass es wichtiger ist, das Ziel neu zu beschreiben, als die Geschwindigkeit zu erhöhen, mit der er dieses Ziel anstrebt. Schon viele haben in einem komfortablen und schnellen Zug ins Elend gesessen. Aber der Komfort und die Geschwindigkeit haben am Ende nicht das Elend, in dem sie angekommen sind, aufheben können. Darum lässt sich der Mutige nicht abhalten, immer wieder neu zu fragen, wohin es denn geht. Er tut dies besonders dann, wenn alle um ihn ganz zufrieden sind mit dem Ziel der Reise.
Mutige fragen überhaupt viel, weil sie im Moment leben. Die Ziele und Antworten von gestern sind nicht unbedingt für heute zutreffend. Zu oft haben sie erlebt, dass unterwegs, während alle geschlafen haben, jemand die Weichen anders gestellt hat. Sie zücken ihren Kompass und merken, dass der Zug schon seit Stunden in die Bedeutungslosigkeit fährt, anstatt in den Sinn. Nicht selten steigen sie dann an der nächsten Haltestelle aus, auch wenn ihre Freunde sie nicht verstehen und weiter im Zug bleiben.

Kannst du beschreiben, wohin dein Zug geht?

Tradition. Die Mutige hält an der Tradition weder prinzipiell fest, noch muss sie sich unbedingt von ihr lösen. Sie ist der Vergangenheit weder verpflichtet noch muss sie sie gewaltsam abtun. Sie ist sich ihrer Geschichte bewusst und kann von ihr das annehmen und fortsetzen, was ihr weiterhilft. Ebenso kann sie das loslassen, was ihr Leben nicht fördert. Sie hat kein schlechtes Gewissen für die eine oder die andere Handlung. Sie hat erkannt, dass die Tradition für den Menschen da ist und nicht der Mensch für die Tradition.

Das gibt ihr eine Souveränität, in der sie, ohne sich bedroht zu fühlen, durch die Zeiten und Gewohnheiten reisen kann, als gehöre ihr alles. Weil sie in sich zu Hause ist, ist sie nicht fremd in der Welt.

Vielleicht ist es nötig, eine Tradition zu verletzen, um frei zu werden. Die Tradition ist nicht nur außen, sondern auch innen: in unserer Neigung, uns zu wiederholen.

Der Mutige kann es sich leisten, sanftmütig zu sein. Sein Mut baut nicht auf die Stärke seiner Fäuste, seiner schlauen Reden oder seiner Intelligenz, sondern auf seinem Willen zum Frieden und zur Verträglichkeit. Dabei achtet er darauf, nicht missverstanden zu werden – seine Verträglichkeit ist nicht Rückgratlosigkeit und seine Handlungen entspringen nicht dem Wunsch, „lieb“ zu sein.

Diesen Mut deuten die Mutlosen häufig falsch. Sie wollen ihn falsch deuten, sie müssen ihn falsch deuten, weil sie sonst sich selbst gegenüber kritischer sein müssten. Der Mutige erklärt sich darum immer nur bis zu einem gewissen Punkt. Danach hört er mit den Erklärungen auf und lässt alles ruhen. Die Mutlosen meinen, er würde sich geschlagen geben. Dabei hat er gar nicht gekämpft.

Es gibt eine Sanftmut, die keine ist, weil sie aus der Angst kommt – aus der Angst, fest aufzutreten. Sanftmut ist zarte Festigkeit und nur den Mutigen gegeben. Sanft zu sein erfordert Mut, wenigstens in unserer Welt. Darum ist der Sanfte der Mutige. So wurde er zum Sanftmütigen.

Es ist schwer, auf Stärke zu verzichten. Besonders auf die Stärke, die Schwäche als Macht gebraucht.

Sanft zu sein
erfordert Mut.
Sanftmut.

Der Mutige lebt ganz besonders in den kleinen, täglichen Dingen. Sein Mut hat ihn freigesetzt zum Unscheinbaren. Während seine Freunde noch Pläne haben, die Welt zu retten und er ihren Wunsch versteht und sie dafür liebt, gibt es in ihm schon eine Erkenntnis, die ihn manchmal verblüfft: Diesen einen Tag zu leben ist genug! Er macht einen Spaziergang, jätet im Garten, kocht eine einfache Suppe, ruft jemanden an, hört die Nachrichten, beobachtet die sich verändernden Wolken und entdeckt zu seiner eigenen Überraschung immer wieder, dass in allem, was vorfällt, die ganze Welt enthalten ist. Darum legt er zunehmend mehr Bezeichnungen wie „groß", „klein", „wunderbar" ab und erlebt die Welt, sich selbst und seine Freunde als die Wunder, die sie sind. In seinem Mut umarmt er die ganze Welt und hat noch Platz für mehr. Da nimmt er den Himmel dazu.

Durch das Kleine lädt dich die große Welt ein.

Die Mutige beugt sich vor niemandem und nichts, wo Beugung erwartet wird. Sie sagt dazu: „Alles, was das Bedürfnis hat, mich gebeugt zu sehen, muss selbst so klein sein, dass ich mich nicht vor ihm beugen werde." Manchmal atmet sie an dieser Stelle tief durch, weil sie fast Angst vor ihrem Mut bekommt. Aber sie bleibt bei ihrer Haltung und ihr Mut wächst noch. Hinter ihrem Rücken nennen es ihre Freunde gelegentlich Hochmut. Aber sie weiß, dass das nicht zutrifft.

Gerade weil sie sich nicht auf Wunsch beugt, darum kann sie sich vor allem beugen. Es ist ihre Wahl. Ihr Beugen ist nicht Unterwürfigkeit, sondern Ehrerbietung. So kann sich der König vor dem unscheinbarsten seiner Untertanen beugen, weil er ihn ehrt und liebt, nicht, weil er über ihn herrscht.

Die Mutige beschenkt Gott unaufhörlich mit ihrem aufrechten Gang. Manchmal hat sie das Empfinden, dass sie Arm in Arm mit Gott geht und es keine Hierarchie mehr gibt. Dann spürt sie sich als Teil des Ganzen, so wie sie es nie war, als sie sich noch beugte. Da wagt sie sich sogar einen Gedanken anzuprobieren, wie man ein Kleidungsstück anprobiert: „Ich bin ein Teil Gottes und Gott ist ein Teil von mir." Das Hemd passt, auch, wenn es sehr weit und luftig ist.

Was leidet, wenn du dich beugst, weil man es von dir erwartet?

Der Mutige begreift nicht nur mit seinem Kopf, sondern mit seinem ganzen Wesen, dass er für sein Leben verantwortlich ist. Er steht mit dieser Einsicht manchmal sehr allein da. Er erlebt, wie andere ihm Entschuldigungen anbieten, mildernde Umstände für sich selbst, Schuldige suchen und finden und ihn aus der Verantwortung für sein Leben entlassen wollen. So brauchen sie auch nicht für ihr eigenes Leben verantwortlich zu sein. Er verweigert diese Ausreden und Erklärungen, weil er weiß, dass sie ihn schwächen und am Ende unfähig machen, sein Leben zu meistern.
Der Mutige sieht seinen Anteil an allem. Er ist beteiligt an seinem Glück und Unglück. Manchmal erstarrt er in dieser Haltung fast, weil er sieht, wie unweise er gehandelt hat. Aber genau an dieser Stelle wächst er, und sein Mut, niemandem die Schuld zu geben, katapultiert ihn auf eine neue Ebene. Er bleibt nie lange in Vorwürfen und Selbstmitleid stecken. Er appelliert an seinen Mut, und dieser öffnet ihm die Welt wieder, die sich mit der Abgabe seiner Verantwortung geschlossen hatte.

Was passiert, wenn du anderen die Schuld gibst für gewisse Umstände in deinem Leben?

Die Mutige ist erst Mensch und dann Frau. Sie ist mit dem Verständnis aufgewachsen, dass sie als Frau nicht ganz so viel zu sagen hat wie ein Mann und dass sie sich besonders beweisen muss, wenn sie ähnlich beeindruckend sein möchte wie ein Mann. Ihr Vater hat es nie so gesagt, aber er hat es im Verborgenen geglaubt. Er sprach den überzeugten und festen Frauen ihre Weiblichkeit ab – einfach so, ohne es zu beweisen. In der Schule und beim Studium lernte sie, dass man ihr nicht soviel zutraute wie den Jungen und Männern neben ihr. Sie steckte es weg und ließ sich davon nicht einschüchtern. Auch ihr Mann hat ihr zu verstehen gegeben, dass sich ihre Ehe und Familie mehr nach dem richten wird, was sein Beruf von ihm will, auch wenn sie genau so viel verdient wie er.
Sie hat das alles in sich aufgenommen und in einem ständigen Prozess, der nun schon Jahrzehnte angehalten hat, verarbeitet. Sie hat immer an ihrer Menschlichkeit festgehalten. Sie ist erst Mensch und dann die ganz spezifische Ausformung des Menschen – eine Frau. Sie hat sich nie hinter ihrem Frausein versteckt und hat daraus nie einen Vorteil geschlagen, weil sie immer erst Mensch war. Daran ist ihr Mut entstanden, auch ihr Mut, sich selbst nicht als Opfer zu sehen, weil sie „nur" Frau ist. Ihr Mut ist still und tief, und weil er auf dem Hintergrund eines anderen Verständnisses der Welt gewachsen ist, ist er auch echt. Er ist ihr nicht zugefallen, sie hat ihn wie einen Muskel trainiert und alle, die ihr begegnen, profitieren davon.

Wenn das Mannsein oder Frausein vor dem Menschsein kommt, dann wird irgend eine Form von Ausbeutung vorbereitet.

Die Mutige hat die Fähigkeit und innere Stärke, nichts zu glauben, was sie nicht glauben will. Sie entscheidet, was sie glaubt, und lässt sich nichts aufzwingen, auch nicht durch ihre Angst. Sie hält ihre Angst aus und wächst so über sie hinaus. Das macht die Mutige dir und mir ähnlich. Sie ist nicht angstfreier, sie ist nicht weiser, sie ist nicht stärker, sie ist nicht frecher. Aber sie ist entschiedener als die meisten Menschen. Ihre Entschiedenheit kommt nicht daher, dass sie mehr weiß. Aber sie weiß am Ende mehr, weil sie entschiedener ist, handelt und daraus lernt. Sie hat begriffen, dass ein guter Gedanke nicht genug ist. Es muss eine Tat folgen. Aus dieser Entschiedenheit entsteht Mut.
Ihre Freunde missverstehen sie und denken, dass ihr Mut ihr leichter fällt, aber es ist nicht so. Aber sie hat begriffen – und das ist ihr Vorteil –, dass der Mut kein Gefühl ist, sondern eine Entscheidung. So kann sie sogar handeln, wenn ihr der Mut zu der Handlung fehlt. Sie tut es einfach, auch wenn sie meint, dabei fast zu sterben. Dann merkt sie, dass sie nicht gestorben, sondern einen großen Schritt weitergekommen ist. So lernt sie die Ordnungen des Lebens kennen.

Gebrauchst du die Angst als Ausflucht? Am gefährlichsten ist die Angst vor der Angst. Die Augen zu schließen, hält die Angst nicht fern.

Allein zu sein scheut die Mutige nicht. Sie hat Frieden mit sich selbst geschlossen. Sie kann lange mit sich allein leben, weil sie vor nichts davonläuft. Es genügt ihr, in den Reichtum ihrer inneren Welt einzutauchen. Sie ist es gewohnt, sich selbst zu begegnen, auch ihren dunklen Seiten und ihren Frustrationen. Sie sieht sich selbst als ein „Werk im Entstehen" an.
Die Stille und das Alleinsein führen sie ihrer eigenen inneren Stimme näher, und sie liebt diese innere Stimme, weil sie ihr Nachrichten von sich selbst bringt, Nachrichten von einem Menschen, dessen Entwicklung sie mit Spannung verfolgt. Die Mutige ist darum oft die Stille. Sie braucht den Raum, in dem die Dinge, die Gedanken, die Orte und manchmal auch die Menschen einander in Stille zugewandt sind.
Es gibt Tage, da spürt sie, wie sie ein in sich geschlossenes System ist. Nie wird jemand so in ihrem System leben wie sie selbst. Dies löst Glücks-, aber auch Trauergefühle in ihr aus. Einerseits spürt sie ihre Eigenständigkeit, ihr Selbstvertrauen, ihre Findigkeit, ihre Fähigkeit, ohne andere aus ihrem Leben etwas machen zu können. Aber andererseits ist sie in ihrer Einmaligkeit auch einsam. Beide Seiten anzunehmen, ist ein markantes Zeichen des mutigen Menschen.
Wenn das Alleinsein in Einsamkeit umschlägt, dann geht sie auf diesem schmalen Grat in den Fußstapfen von Millionen. Sie spürt das Leid der Einsamkeit der Vielen, sie hört die Flöte des Einzelnen, die versucht, sich gegen den Krach der Welt zu behaupten.

Was wir nicht in uns finden, finden wir am Ende auch nicht um uns.

Der Mutige erkennt sich selbst in seinem Gegner. Er versteht, dass alles, was er an seinem Gegenüber verachtet, in ihm selbst lebt. Er versteht, dass es eine ungeheure Vielzahl von Umständen ist, die ihn einem anderen Schicksal zugeführt haben, sodass er jetzt nicht der ist, der als sein Gegner vor ihm steht. Aber er weiß auch, dass er derselbe sein könnte.
Mit viel Übung hat er gelernt, sich nicht von der Welt um sich abzutrennen. Er dünkt sich nicht besser als andere. Er braucht dafür seinen gesammelten Mut, weil es eine der schwersten Übungen ist, sich nicht abzusondern, um ein Profil zu behalten. Inmitten von anderen und unter dem psychologischen Druck, sich einzuordnen, schafft es der Mutige, bei sich zu bleiben. Seine Kraft wächst aus der tiefen Erkenntnis, dass in ihm ein Schnittpunkt der Geschichte zu finden ist, an dem Welten aufeinander treffen, die noch nie so aufeinander getroffen sind. Irgendwann wagt er dann auch den Schritt, keine Feinde mehr zu haben. In allen Menschen sieht er sich selbst in die Augen und liebt.
Hier ist der Mutige in die „Schule für Fortgeschrittene" eingetreten. Er ist wie ein Taucher, der auf den Grund seines Wesens gesunken ist, wo nicht mehr das „Spiel des Wirkens" gespielt wird und wo es nur noch um das Wesentliche geht.

Könnten deine „Gegner" ein Ausdruck von dir selbst sein?
Kannst du das Trennende von dir abfallen lassen?

Es gibt ein großes Wort für die Mutige. Es heißt „dennoch“. Das Wort lebt in ihr wie Musik. Sie wiederholt es, lässt es auf der Zunge zergehen, sie atmet es, sie schreit es innerlich, wenn sie sich in den Kampf gegen die Mutlosigkeit stürzt. Sie wirft es Freunden zu, die in ihrer Mutlosigkeit untergehen. Sie schreibt es in Gedanken versunken auf ein Blatt Papier. Sie flüstert es wie ein Gebet. Sie kneift ihre Augen ein wenig zusammen, als blickte sie in eine unendliche Ferne, und denkt dann das Wort mit aller Kraft, die in ihr ist. Es ist ihr Wort.
Es ist das Wort des Muts, das ihr die Kraft gibt, sich am Ende nicht nach dem zu richten, was sie um sich findet, sondern nach dem, wofür sie sich vor Jahren entschieden hat. Es ist das Wort des Widerstands. Es wird durch die Hoffnungslosigkeit der Lage aktiviert. Es steht im Sterben auf. Sie weiß, dass es ihr Leben ist. Wenn sie das Wort zurücknähme, würde sie sich an die Welt ausliefern und ihre Freiheit verlieren. Darum hält sie sich an dem Wort fest, bis es sie ganz erfüllt und überläuft in Handlungen des Muts.

In einer Welt der Hochrechnungen, Abschätzungen und statistischen Erwägungen kann es passieren, dass du dich mit dem Wort „dennoch“ lächerlich machst, weil es verrückt ist, gegen ein gewisses Besserwissen zu hoffen.

Die Mutige weiß, dass zwei und zwei vier ist. Aber sie weiß auch, dass zwei und zwei 153 sein kann. Sie kalkuliert das Wunder mit ein. Sie denkt über die normalen Grenzen hinaus. Sie weiß um die Notwendigkeit, nicht alles nur an den Gesetzen festzumachen, die wir kennen und mit denen wir die äußere Welt erforscht haben. Aus ihrem Mut heraus stellt sie der fassbaren Welt die unfassbare gegenüber. Dabei beängstigt sie nicht, dass sie verlacht werden könnte. Ihr ist es zu wichtig, den größeren Bogen zu sehen, die ganze Welt zu erfassen, auch wenn sie weiß, dass es nie mehr als ein kleiner Bruchteil der Welt sein wird.
Wenn sie Menschen zählt, ist zwei und zwei nicht immer vier. Sie kennt das Wunder gegenseitiger Inspiration. Sie hat erlebt, wie Begeisterung große Probleme aus dem Weg räumen kann. Sie weiß, dass Vorstellungen Energie sind. Sie spürt die Reichweite der Liebe. Sie weiß um die Kraft des Gebets. Sie hat von den morphogenetischen Feldern gehört. Sie rechnet mit der Energie ihrer Gedanken. Zahlen sind nur Anhaltspunkte. Für sie ist die fassbare Wirklichkeit nur das Rohmaterial ihres Lebens. Sie formt daraus eine Welt jenseits der üblichen Vorstellungen.
So wie der Hauch eines Schmetterlingsflügels in China das Wetter in Europa verändern kann, so kann ein vorsichtig gesagtes Wort einen Menschen verwandeln und mit dem Menschen eine ganze Gruppe. Entfernungen spielen keine Rolle. Geld spielt keine Rolle. Das Wunder beginnt immer beim Mut, das Wunder zu denken.

Wer aus Angst vor der Enttäuschung das Wunder nicht mitdenkt, lebt in einer schrumpfenden Welt.

2+2=4
2+2=153
Das Wunder
mitdenken.

Der Mutige glaubt, dass er einen Vorrat an Mut anlegen kann, so wie man im Herbst Äpfel in einem dunklen, kühlen Keller für später aufbewahren kann. Er tut es, indem er jede Möglichkeit wahrnimmt, sich auf die Seite des Muts zu stellen, besonders wenn es ihm gut geht und er sich stark fühlt. So mag er von Leid hören, von Verlust und Hoffnungslosigkeit und den Impuls spüren, sich abzukehren. Aber er bleibt, er hält aus, er wirft sich dazwischen, er hört zu, er denkt nicht weg, er sieht genau hin, er nimmt ernst. Er nimmt die Mutlosigkeit um ihn wahr, lässt sich aber nicht von ihr überrollen. Wenn er merkt, dass es leichter wäre zu schweigen, redet er. Wenn ihm angeboten wird, sich nicht mit dem Mutlosen zu identifizieren, kehrt er sich genau diesem Menschen zu. Er sieht der Welt ins Auge. Er untersucht sein Leben nach Hoffnungslosigkeit, nach Angst, nach Zynismus, nach Sarkasmus und rückt gegen sie vor.

Bei diesen Handlungen und Haltungen spürt er, wie die Fasern seines Wesens stärker und unzerstörbarer werden. Er kann es schwer beschreiben, aber er spürt, dass sein spezifisches Gewicht zunimmt, weil sein Leben dichter wird. Gerade weil er wählt, an seinem Mut zu arbeiten, auch wenn es viele Fluchtmöglichkeiten gäbe, erlebt er, wie sein innerer Kern an Substanz zunimmt. Er erinnert sich an einen Sportler, der jahrelang mit Gewichten trainiert hat und der durch seine gewonnene Stärke mit kleinen Gewichten wie mit Federn umgehen kann. Das ist die Stärke des Mutigen.

Und dann kommt der Tag, an dem er trotzdem mutlos ist. Vieles ist zusammengekommen: die Schwere der Welt, Krankheit, eine Reihe Misserfolge, Ärger mit Menschen, den er nicht aufhalten konnte, die Hoffnungslosigkeit, die ihn umgibt, sein Schatten, den er vergessen hatte – und sein Mut ist fort. Wie weggeblasen. Er steht ohne seine

Rüstung da. Es gelingt ihm nicht, sich zusammenzureißen. Trauer überfällt ihn, Ausweglosigkeit blockiert ihn. In sich hört er die Worte, die er schon lange nicht gehört hat: „Es hat alles keinen Zweck. Ich schaffe es nicht." Der letzte Apfel ist gegessen.
Da erinnert er sich an sein Tagebuch. Er holt es hervor und beginnt zu lesen. Es ist da vom Mut die Rede. Er liest von seinen Triumphen über die Hoffnungslosigkeit, vom Glück der Festigkeit, von einem Leben, das er nicht aus der Hand gegeben hat. Eine Welt steht vor ihm auf, die er in seinem jetzigen Zustand nicht mehr sehen konnte.
Er ruft enge Freunde an und lässt sich von ihnen schildern, wie sie ihn sehen: „Mutig", sagen sie. Jetzt bringt sein Gedächtnis Situationen hervor, die untergegangen waren, und er staunt über seinen Mut von früher, über die Entschiedenheit seines Willens. Und so verschiebt sich – erst ohne dass er es merkt – sein Gefühl. Überall stößt er auf den Vorrat an Äpfeln. Er braucht sie nicht mehr zu ernten, muss sie nur noch aus dem Kühlkeller nach oben bringen. Da liegen sie, die verschiedensten Sorten: rote, gelbe, grüne. Er beißt hinein. Wie glücklich schätzt er den Tag, als er sie in den Keller brachte. Wie freut er sich jetzt, dass sie da sind.

Unsere Seele ist eine Vorratskammer. Wir wählen, was wir dort speichern.

Wenn die Mutige den Mut verliert – für einen Augenblick, für eine Stunde, für einen Tag –, dann ist das für sie nicht das Ende der Welt. Sie weiß, dass ihr Mut kein Gefühl ist, und schon lange kein Stunden- oder Tagesgefühl mehr. Der Mut ist eine Entscheidung, die sich wie ein Planet in ihrem Inneren dreht, so fest, als wäre er dort schon immer gewesen und könnte Äonen überdauern.

Diesen „Mutplaneten" besucht sie an mutlosen Tagen. Ihr Mut kehrt nicht gleich wieder, aber sie hängt sich mit ihren Gedanken an den großen, zeitlosen Mut an, legt sich auf ihn, zapft ihn an, lässt sich von ihm durchziehen und erlaubt ihm, ihre Sicht zu färben. So beginnt ihr kleiner Mut erst nur wie ein Echo zu klingen, wird dann stärker, findet eine Stimme und tritt endlich aus dem Schweigen, zunächst nur als Entscheidung ohne Gefühl. Und weil Gefühle die Angewohnheit haben, der getroffenen Entscheidung zu folgen, was immer sie auch war, beginnen sie sich zu rühren. So bleibt die Entscheidung im Willen nicht allein und ist bald umgeben von Herz und Seele. Jetzt fühlt sie, was sie entschieden hat.

Wenn du den Gefühlen mehr als den einen Raum gibst, der ihnen zusteht, übernehmen sie bald das ganze Haus. Es kann sein, dass sie dich dann zwingen auszuziehen.

Gegen jede Verwöhnung lehnt sich die Mutige besonders auf. Sie hat entdeckt, dass die Verwöhnung ein großes Hindernis im Leben vieler Menschen ist. So sagt ein Mensch nicht die Wahrheit, weil er meint, sein Gegenüber könne sie nicht vertragen. Dieses Gegenüber weiß darum nicht, wie er wirkt und vereinsamt. Ein Mann hört auf an sich zu glauben, beklagt sein Leid und Schicksal und begibt sich damit in die abwärts führende Spirale des Selbstmitleids. Eine Gruppe von Menschen konzentriert sich nur auf die Benachteiligung, die sie erfährt, und kann sich nicht mehr aufrichten.
Dies ist der Bereich, in dem die Mutige am meisten kämpfen muss, weil nur wenige ihre Verwöhnung (die sie nicht so nennen) loslassen möchten. „Wie ein kleines Kind sein Deckchen festhält, so halten Erwachsene ihre Verwöhnungen fest", sagt die Mutige. Erst wenn die Verwöhnten auch mutig geworden sind, können sie der Mutigen danken. Mit ihrem Mut lebt sie gegen Gesellschaft und Kultur an, und doch gibt sie nicht auf, auch bei sich selbst nicht. Sie schafft das Mitleid ab, um der Liebe Raum zu geben. Immer wieder hört sie den Spruch der Dichterin Ingeborg Bachmann: „Die Wahrheit ist dem Menschen zumutbar."

Könntest du das, was du als Zumutung erlebst, als ein Zutrauen des Lebens an dich sehen? Hast du Kraftreserven, die du vergessen hast?

Die Mutige liebt mit einer Liebe, in der sie sich nicht nur an einen Menschen wendet. Ihre Liebe ist unausgerichtet. Sie hat zunächst keine Adresse, sondern ist eine Haltung und Überzeugung tief in ihrem Inneren, aus der Leben entstehen kann. Die Liebe ist ein Reich in ihrem Herzen, sie ist eine Wahrnehmung, eine erfüllte Wirklichkeit, eine Entscheidung, ein Wille, ein Glaube. Sie ist nicht abhängig von Stimmungen und Umständen. Ihre Liebe ist darum nicht die übliche Leidenschaft, nicht die exklusive Inbesitznahme, nicht das „Ohne-dich-kann-ich-nicht-leben", sondern eine Haltung, die jede Regung des Lebens unterstützt.

Die Mutige liebt alle Menschen mit einer einzigen Liebe. Sie meint dabei zunächst nicht diesen oder jenen. Ihre Liebe ist. Sie weiß, dass die wirkliche Liebe die einzige Kraft ist, die ausnahmslos Leben fördert – aber nicht, wenn sie eingrenzt, wenn sie exklusiv gelebt wird, wenn sie festhält oder wenn sie den Geliebten von sich selbst wegführt.

Die Mutige liebt gegen das Gelernte, gegen das tausend Mal Wiederholte, gegen das, was viele als Liebe bezeichnen und was vielleicht doch nur eine kleine, vorübergehende Verseuchung der Großhirnrinde ist. Manchmal liebt sie sogar gegen ihr Gewissen, weil es etwas von ihr verlangt, das zum alten Verständnis der Liebe gehört, als Treue noch Enge bedeutete und Liebe ein Gefühl war, was Menschen überfiel und gegen das sie sich nicht wehren konnten.

Sie hat den großen Mut, die Gefühle hinter sich zu lassen und doch noch oder vielleicht gerade darum von Liebe zu reden, die wie ein Meer ist, in das wir uns stürzen, und nicht wie eine Pfütze, in die wir waten. Sie ist nicht gegen Gefühle. Sie lebt intensiv mit ihnen, aber sie macht sich nicht abhängig von ihnen, weil sie weiß, dass sie etwas Durchtragendes braucht, etwas Konstantes, wenn die Liebe eine Chance haben soll.

Ihr Mut in alledem ist der Mut zum Ungewohnten, zu dem, was wir nicht natürlicherweise spüren. Den größten Mut braucht sie gegen sich selbst. Sie möchte einerseits festhalten an dem alten Verständnis von Liebe, an den wohligen Gefühlen, an der Leidenschaft, an den überdimensionalen Regungen, selbst wenn sie weiß, dass sie nicht anhalten werden. Sie wünscht sich dieses Hochgefühl, bei dem die ganze Welt in ihrer Liebe gebadet ist. Aber sie hat andererseits auch verstanden, dass die alte Liebe mit ihren zweifelhaften Begrenzungen nicht ausreicht, wenn alles gegen sie steht. Wenn der Geliebte aus allen Bildern entspringt und plötzlich ganz normal aussieht, wenn die Gefühle verebben und nur noch Alltäglichkeit und Armseligkeit bleiben, wenn die Enttäuschungen so tief niederdrücken, dass die Gefühle sich nicht mehr aufrichten können – dann ist eine andere Grundlage nötig. Darum hat sie die Liebe wie eine neue Sprache gelernt. Sie will nicht stumm sein, wenn Worte nötig sind. Sie will nicht in der Wüste des Getriebenseins verdursten. Sie will ihr ganzes Leben und Lieben wie ein Kunstwerk gestalten.
Wenn sie jetzt von Liebe redet, dann wird ihre Stärke spürbar. In ihrer Entschiedenheit ist sie geballte Energie. In ihrem Willen zur Erfüllung, ihrem eigenen und dem anderer, wächst sie über sich selbst hinaus. Weil sie nicht darauf gewartet hat, dass die Liebe etwas mit ihr macht, sondern sie selbst etwas mit der Liebe gemacht hat, darum macht nun die Liebe tatsächlich etwas mit ihr: Sie verwandelt die Mutige in die Liebende, weil sie im Kern ihres Wesens immer eins waren: Mut und Liebe.

Darf in deiner Liebe die ganze Welt vorkommen oder muss sie ein kleiner Garten bleiben, in dem du alles kennst?

Der Mutige glaubt nichts, nur weil die Mehrzahl es glaubt. Er kennt unsere Geschichte, in der nicht selten die Mehrzahl unweise war. Er handelt nicht, um mitzumachen oder weil er das Wohlwollen seiner Mitmenschen braucht. Er kann ohne diese Zuwendung leben. Er schafft es, allein zu stehen, weil er in sich gefestigt ist. Und da, wo er nicht gefestigt ist, hält er es trotzdem aus, weil er sein Leben nicht von den Ansichten und Einstellungen anderer abhängig machen will. Er wird belächelt, missverstanden, verleumdet und verachtet, aber er verkauft sich nicht. Er hat keinen Preis. Das verdankt er dem Mut.

Diese Entschiedenheit und Festigkeit geben ihm eine ganz eigene Schönheit. Mut macht schön, weil das Einmalige eines Menschen zum Leuchten kommt. Manchmal wirkt es, als ob der Mutige seine Überzeugung an einen Stern gebunden habe, von dem er seinen unbeirrbaren Kurs nimmt, nicht an etwas Irdisches, Vergängliches. Mit ihm und durch ihn wird eine andere Wirklichkeit spürbar. Auch die kleinen Entscheidungen bekommen bei ihm Bedeutung. Gerade sie.

Spürst du in dir den versteckten Glauben, dass es doch richtig sein muss, wenn viele etwas glauben oder tun?

Der Mut des Mutigen ist kein Übermut, der gerne kämpft. Überhaupt geht es dem Mutigen nicht um Auseinandersetzung. Er muss nicht gewinnen. Oft tut er sich schwer, das anderen zu erklären, weil er weiß, wie wichtig ihnen das Kämpfen und Sich-Durchsetzen ist. Er kennt die Metaphern des Krieges und die Bilder des Kampfes. Es ist das Anliegen des Mutigen, nicht kämpfen zu müssen, sich so erklären zu können, dass ein Aufeinanderprallen vermeidbar wird. Dort, wo das nicht möglich ist, da ist der Mut des Mutigen in Liebe gebettet, die eine tiefe Abneigung gegen jede Art des Kämpfens hat.
Es gelingt ihm zunehmend mehr, seine Gegner nicht als Gegner zu sehen. Sie verübeln ihm das, weil sie mit ihm kämpfen wollen. Ihr Stolz ist es, seine Gegner zu sein. Sie definieren sich dadurch, dass sie gegen ihn sind. Sie sehen schnell in anderen ihre Gegner, weil sie ängstlich sind und keinen Mut entwickelt haben. Sie müssen sich selbst beweisen, dass sie mutig sind. Sie ruhen nicht in sich.
Der Mutige dagegen hat sein Selbstverständnis nicht von denen, die ihm gegenüber stehen, und schon gar nicht von seinen Gegnern. Er weiß, wer er ist, und lässt sich nicht von denen formen, die im Kampf beharren. Er kann nicht verhindern, dass sie in ihm einen Gegner sehen, aber er kann verhindern, sie als seine Gegner zu sehen.

Beim Kämpfen geht es meistens nicht um das, um das es zu gehen scheint. Wir kämpfen häufig gegen die Enttäuschung über uns selbst, über unseren kleinen Mut und die fehlende Liebe zu uns selbst. Wir wenden uns aber gegen andere, weil wir nicht wissen, wie wir die Waffen gegen uns selbst erheben sollen.

Die Härte und Strenge der Mutigen gegen sich selbst kann ihre Schwäche sein. Die Mutige ist manchmal unerbittlich mit sich selbst. Sie meint dann, die Welt retten zu müssen. Dass der Mut das schaffen kann, steht außer Frage, aber es muss nicht immer ihr Mut sein und nicht genau hier und jetzt erfolgen. Theoretisch weiß sie, dass der Mut eines anderen Menschen sie retten kann, hat sie es doch schon für andere tun können. Aber an manchen Tagen fehlt ihr dieser Weitblick, und in ihrer Verbohrtheit macht sie alles von sich abhängig, von ihrer Fähigkeit zum Mut. Hier neigt ihr Mut zum Hochmut, der gleichzeitig ein Kleinmut ist.
Sie hat vorübergehend das Meer des Muts und der Liebe, in das ihr ganzes Leben gebadet ist, vergessen. Wie ein Fisch liegt sie auf dem Trockenen und schnappt nach Luft. Wenn dann eine Welle kommt und sie überspült und sie die Kraft, die Weite und die Tiefe des Meeres spüren lässt, ist sie beschämt von ihrem Kleinmut und Hochmut.
Dieses Erlebnis wird sie nicht zum letzten Mal haben. Aber mit jedem Mal wird sie etwas früher an das Meer denken und etwas milder gegen sich selbst sein.

Auch die Strenge gegen dich selbst kann ein frommes Werk sein, das dich von dir wegführt in eine innere Liebesarmut.

Der Mutige eckt mit seinem Mut manchmal an. Es liegt weniger an ihm als an den Menschen um ihn, die sich an ihre Mutlosigkeit gewöhnt haben. Sie haben ihre Angst (die sie nicht so nennen) zum Lebensstandard gemacht. Sie haben ihre Hoffnungslosigkeit zu einer Ideologie erhoben, für die sie ein großes Gedankengebäude errichten. Wenn der Mutige auftritt, bringt er diese Ideologie mit seinen konsequenten Schritten durcheinander. Mit ein paar Worten oder mit gewissen Handlungen wird die Hohlheit der Ideologie sichtbar. Er hat es darauf nicht angelegt, es geschieht einfach, weil zwei Welten aufeinander prallen. Er fordert nicht heraus, er ist eine Herausforderung und manchmal eine Zumutung – das finden jedenfalls die, die sich in ihre Angst eingeigelt haben.

Hier braucht der Mutige Doppelmut. Einerseits versucht er, die hoffnungslosen Situationen zu durchdringen, sie in positive Möglichkeiten zu verwandeln. Andererseits muss er es mit denen aufnehmen, die lieber in der Hoffnungslosigkeit verharren wollen. Früher, als er mit dem Mut zu leben begann, wollte er andere immer mitziehen. Er versuchte zu überzeugen und zu überreden. Das macht er heute nicht mehr. Er hat keinen Plan für das Leben des anderen. Er weiß nur, wie er selbst leben will. Dass er so leben will, ist der Anstoß.

Manchmal erlebt der Mutige eine seltsame Freude an seinem Mut. Er genießt es dann förmlich, im Kampf zu stehen. Es ist nicht der Kampf gegen andere Menschen und nicht die Auseinandersetzung und das Rechthaben, aber es ist die Freude an der Klärung. Mehr und mehr empfindet er das Leben vieler Menschen als vernebelt, verdunkelt, verhangen. Es ist nicht die transzendente Unklarheit und Vielschichtigkeit, die den Menschen ein Leben lang das Licht suchen lässt, sondern es ist eine verhinderbare Un-

klarheit und Dumpfheit. Es ist die Unklarheit, die von unterlassenen Entscheidungen ausgeht. Da lebt einer das nicht entschieden, was gut zu leben wäre, und die Unklarheit breitet sich aus wie ein Tintenfleck. An der Stelle erlebt der Mutige ein tiefes Glück, weil er zu der größeren Klarheit in der Welt beiträgt. „Fels im Fluss", flüstert er dann vor sich hin. Er meint damit das Bild des Felsens im Fluss, der nur dasteht und an dem sich der Fluss teilt.
Der Mutige kämpft nicht in erster Linie mit Menschen, sondern gegen das Dunkel der Unbewusstheit in der Welt. Sein Mut ist eine Art Licht, das hineinscheint in das Dunkel der Unbewusstheit. Im Licht des Muts ist es möglich, das Leben zu gestalten, es nicht nur zu ertragen.

Kannst du darüber Glück empfinden, dass du ein „Fels im Fluss" bist und sich die Menschen an dir scheiden?

Der Mutige
kämpft nicht
mit Menschen,

sondern gegen
das Dunkel
der Unbewusstheit
in der Welt.

Die Mutige kennt die Kraft, die in der inneren Überzeugung steckt. Sie hat aufgehört, etwas zu beteuern und andere überreden zu wollen. Sie weiß, dass ihre Mitmenschen letztlich auf die Kraft ihrer Überzeugung reagieren, nicht auf ihre Worte. Seitdem arbeitet sie an der Veränderung ihrer Haltung. Sie wird immer identischer mit sich selbst, und immer weniger trennt sie von ihrem Wesen und ihrer Berufung.
Es ist, als ob sie in sich ein Energiefeld bilde, wenn sie in dieser Zone ist, der Zone der Entschiedenheit, die nichts mit Trotz oder „mit dem Kopf durch die Wand“ zu tun hat. Sie spürt die Dichte ihres Körpers, seine Wucht, trotz aller Sanftheit. Sie hört den Klang ihrer Seele, deren Einzigartigkeit. Und sie sieht in ihrem Geist die Spiritualität, die Gottbezogenheit, die die ganze Welt zu einem Phänomen macht.
Vielleicht werden wir dieses Energiefeld einmal messen können. Dann wird es Menschen geben, die zu besonderen Zeiten in ihrem Leben über 100 „Mutström“ mit ihrem Wesen erzeugen und die Welt bewegen. Vielleicht sehen die Kategorien für die Ausstrahlung eines Menschen so aus:
unter 25 Mutström: nicht spürbar
25 bis 50 Mutström: eine erfahrbare Gegenwart
50 bis 75 Mutström: ein kraftvoller Mensch
75 bis 100 Mutström: mitreißend
100 bis 200 Mutström: unwiderstehlich
über 200 Mutström: verwandelte und verwandelnde Kernkraft

Spürst du die Kraft in deiner Mitte?

Die Mutige legt keinen großen Wert darauf, mit den „richtigen“ Menschen gesehen zu werden oder mit ihnen befreundet zu sein. Sie stellt sich auf die Seite von Abgelehnten, Übersehenen und Außenseitern. Bewusst wählt sie die Menschen ihres Lebens, und ihr Bekanntenkreis ist bunt. Sie ist ganz tief in ihrem Wesen demokratisch und liebend. Sie hat es lange geübt, weil sie immer wieder Voreingenommenheiten in sich gespürt hat. Jetzt lebt sie entschieden mit dem Vorsatz, niemand mehr nach Hautfarbe, Religionszugehörigkeit, sozialem oder politischem Stand, ethnischer Herkunft oder Besitz einzuordnen.

Sie ist zwar nicht umgeben von Rassisten und bigotten Menschen, wohl aber von Menschen, die gern andere auf irgendeine Weise gruppieren und zu „ordnen“ wünschen. Sie hält die Unordnung aus und blickt ihrem Gegenüber tief in die Augen. Da sieht sie zuerst die Einmaligkeit des Menschen und erst danach alles, was uns so leicht zu trennen vermag. Und wenn sie etwas in der Zeitung liest oder im Fernsehen sieht, dann prüft sie sich selbst immer wieder mit der Frage: Ist mein Mut groß genug, es auszuhalten, keine Kategorien mehr zu haben, sondern im Moment zu leben und jedem Menschen die Chance zu geben, die er verdient?

Wie stark bewegt dich dein Wunsch nach Vereinfachung? Opferst du da Menschen und Ideen, die kompliziert sind?

Wirklichkeit? Die Mutige kommt aus einer Familie, in der die Wirklichkeit immer „zu viel" war. Man litt an ihr, man betonte die Katastrophe. Es gab ganze Litaneien über Verluste, Verletzungen, Engpässe, Peinlichkeiten, Niederlagen und Zusammenbrüche, die in der Familie geschehen waren. Es gab eine Kultur der Überforderung und damit verbunden eine Kultur des Jammerns. Die Mutige, die damals noch nicht mutig war, hörte diese Geschichten in ihrer Kindheit und Jugend und spürte die Haltungen dahinter. Es bot sich an, die Welt auch so zu sehen. So übernahm sie, was sie erlebte. Ihr Fazit war: Die Wirklichkeit ist hart, sie ist ein Gegner, sie ist eigentlich nicht zu bewältigen. So lernte sie schon früh die Schwere, die sich nur auf sich selbst konzentriert und keine Veränderung vorsieht.

Bis sie begriff, dass sie nur dieses eine Leben hat, und sich entschied, sich in diesem Leben ein Zuhause zu schaffen. Da begann die Veränderung. Der Satz „Die Wirklichkeit ist dem Menschen zumutbar" erleuchtete sie.

Sie erlebte noch die Zumutung des Lebens, die Härte und die Herausforderung, aber jetzt wuchs gleichzeitig in ihr das kleine Pflänzchen Mut. Mehr und mehr verstand sie, dass ihr das Leben das gab, was sie bewältigen konnte. Auch wenn sie sich manchmal überfordert fühlte, wusste sie, dass sie Kraftreserven in sich trägt, um mit diesen Herausforderungen umzugehen.

Zunächst veränderte sich nichts im äußeren Leben. Das Leben blieb gleich schwer, und das Klagen ihrer Mitmenschen nahm nicht ab, eher nahm es noch zu. Aber ihre Aufmerksamkeit war nicht mehr auf die äußeren Umstände ihres Lebens gerichtet, sondern auf ihre Einstellungen zu diesen Umständen. Es verging kaum ein Tag, an dem sie nicht den Anspruch des Muts spürte. Überall war Mut zu gebrauchen, überall war er angebracht.

Jetzt hält die Mutige die Wirklichkeit aus. Sie erlebt ihre Stärke und Lebendigkeit. Sie ist wie eine Bergsteigerin, die nicht die leichteste Route nimmt, sondern die gerade die Route wählt, die noch keiner geklettert ist und die ihr das Letzte abverlangt. Da spürt sie sich an der vordersten Front des Lebens. Lebendigkeit ist der Rausch – nicht die Gefahr, nicht die Erstmaligkeit dieser Route, nicht die Nähe des Todes, aber die Lebendigkeit, die sie mit allen Sinnen erlebt.
Heute gibt es in ihrem Leben eine Kultur des Überwindens, des Durchhaltens, Durchschauens und des Widerstehens. Der Mut ist jetzt wie ein Echo auf ihre Angst. Sie treten zusammen auf. Sie ist ein Magnet für Mutige geworden. Sie zieht Lösungen an. Das Leben ist ein Fest, das sie liebt.

Gibt es etwas Schöneres, als dabei zu sein, wenn das Leben sich ausbreitet?

Nach vielen Versuchen, das zu glauben, was man glauben „sollte“, hat die Mutige den Mut gefunden, zu glauben, was sie glauben kann. Es ist ein großer Schritt für sie. Dabei haben ihre Seele, ihr Geist, ihre Gefühle, ihr Intellekt und ihre Intuition nicht geruht und sie immer wieder bombardiert mit Vorschlägen, Forderungen, Ahnungen und Theorien. Besonders mitgespielt hat dabei ihre Vergangenheit. Menschen, mit denen sie aufgewachsen ist, erwarteten von ihr, bei dem zu bleiben, was sie zusammen geglaubt haben. Sich an die eigene Geschichte zu halten schien am einfachsten, aber sie fand es nicht ehrlich.

Es war die Zeit in ihrem Leben, in der ihr aufging, dass fast alles Wichtige im Leben nur durch Mut entsteht. Mut überwindet Trägheit, Denkfaulheit und leer gewordene Gewohnheiten. In diesem Prozess begegnete sie einer sehr tief sitzenden Erwartung von Strafe und Angst vor Strafe. Sie erkannte ihren Gott als richtend und strafend. Die Stimmen ihrer Kindheit und Jugend unterstrichen das. Neben ihrem Mut standen die Unsicherheit und das Erschrecken vor ihrem Mut. Sie zögerte und wollte zurück in das Bekannte flüchten.

Der Durchbruch geschah, als sie begriff, dass Angst sie klein und eng machte, und sie versprach sich selbst von da an, nichts mehr aus Angst zu glauben. Ihr Mut erlaubt ihr jetzt mehr als je zuvor in ihrem Leben, aus Liebe und Zuwendung zu glauben. Jetzt fördert ihr Glaube ihr Leben. Jetzt steigt sie steil auf in einen andersartigen Himmel.

Zu glauben ist das Persönlichste, Privateste, was wir je tun werden. Wie kommt es, dass gerade dabei so viele versuchen mitzureden und uns zu sagen, was wir glauben sollten?

Die Mutige glaubt, dass sie ein Geistwesen ist, das Körpererfahrungen macht. Den Glauben, dass sie ein Körper ist, in dem ein Geist steckt, hat sie langsam abgelegt. Auch wenn der Körper immer mit seinen Bedürfnissen, mit seiner materiellen, fassbaren Form, mit seiner Gesundheit und Krankheit (mit der er Aufmerksamkeit auf sich zieht) im Vordergrund steht, geht sie ihrem Geist nach und entdeckt mehr und mehr, dass sie da zu Hause ist. Seitdem behandelt sie sich anders. Sie lässt sich weniger von ihrem Körper bestimmen. Sie achtet auf die zarte Stimme ihres Geistes, und manchmal erlaubt sie auch ihrer Seele, dieser jungen Freundin des Geistes, mitzureden. Sie liebt ihren Körper darum nicht weniger, aber sie lächelt jetzt manchmal liebevoll über ihn und befiehlt ihn dem Geist an.
Es bedarf eines besonderen Mutes, so zu leben, weil sie nicht beweisen kann, dass sie Geist ist. Sie liegt damit quer in dieser Welt. Am liebsten würde sie einen Beweis für den Geist finden, aber dann reicht es ihr, es selbst nur zu wissen. Geist lässt sich nur mit Geist erfassen.

Mit unserem Glauben an das Bild, das wir von uns haben, machen wir es wahr. Bis in unsere Fasern hinein sind wir ein Ausdruck von dem, was wir glauben, auch wenn der Glaube uns nicht bewusst ist. Unsere Seele lebt nur in Bildern, nicht in Theorien. Was sind unsere Bilder?

Die Mutige vergleicht selten. Wenn sie unsicher wird und sich an ihren Wert erinnern will, dann geht sie an den Ort in sich, an dem sie weiß, dass sie unvergleichlich ist. Ihr Wert liegt nicht im Vergleich, liegt nicht in dem, was sie leistet und wie sie aussieht, liegt nicht in irgendeiner Hierarchie, nicht in einer Bezifferung, liegt in keinem Zeugnis, das ihr jemand ausgestellt hat. Sie hat die vielen Momente, in denen sie sich begegnet ist, zueinander gefügt, und daraus ist das Bild ihrer Einmaligkeit entstanden. Es gelingt ihr dann, nur sich selbst zu sehen – niemanden zu ihrer Rechten oder Linken, niemand, der weniger oder mehr wäre als sie. Nur sie – in der großen Welt. Ein Wunder.

Früher hat sie Gott noch zur Hilfe genommen – hat ihren Wert durch Gottes Liebe zu sich erlebt, aber das lässt sie nun ruhen und sieht nur das Wunder, das sie ist. Es gibt stille Zeiten, da sieht sie sich nur an, tastet mit den Augen ihren Körper ab und bestaunt dieses Körperwesen. Sie betrachtet ihre Finger und Hände, sieht sich selbst, wie sie sich betrachtet, fühlt die Haut ihrer Wangen, streicht sich das Haar aus dem Gesicht und ist dabei versunken in die Person, die sie ist. Dann forscht sie nach ihrem Geist, nach dem Zentrum ihres Wesens, nach der gottförmigen Leere in ihr, nach ihrer Unendlichkeit und findet Geheimnis um unlösbares Geheimnis. Und in der ganz eigenen Wohnung ihrer Seele hält sie sich fest, bleibt irdisch und göttlich zugleich, richtet sich auf, löst sich auf und wird immer mehr sie selbst.

Sie hat den Mut, mit sich selbst ganz allein zu sein. Der einzige Mensch auf der Erde. Unvergleichbar.

Im Vergleichen liegt der Anfang des Krieges.

Der Mutige ist in Institutionen zu finden und außerhalb von ihnen. Er ist Mitglied und nicht Mitglied. Er wählt und geht nicht zur Wahl. Er glaubt aus der Tiefe seines Wesens an gewisse Lehrsätze oder er erkennt keine Lehrsätze an und formuliert jeden Tag neu sein Bekenntnis zum Leben. Der Mutige gibt sich leidenschaftlich in den Kampf für das Größere, Tiefere und Höhere, oder er hält sich zurück und lebt in einem inneren, unsichtbaren Feuer. Er ist nicht an seiner Kleidung, nicht an seinem Auto oder an seinen Reisen zu erkennen. Er ist Analphabet und hoch gebildet.
Es ist, als ob das Leben sich einen Spaß erlaubt habe, indem es einem jeden die Chance gegeben hat, mutig zu sein – auffallend und groß auf der Weltebene oder klein, versteckt und unscheinbar – aber doch mutig. Der Mut braucht kein Podium, keine Fernsehkameras, keine Presse, weil er im Herzen, in unseren Gedanken beginnt, in einem stillen Leuchten, an dem die Welt gesund wird.

Es gibt keine wirkliche Ausrede, nicht mutig zu sein. Das ist die Zumutung. Das ist unser Glück.

Der Mut vor dem Feind ist bekannt. Er ist klar, auch wenn er schwer ist. Im Krieg kann er den Tod bringen. Aber schwerer noch ist der tägliche Mut vor dem Freund. Da hat dich einer mit seiner Liebe zu dir gekauft – nicht aufdringlich und billig, nein, mit seiner aufrichtigen Liebe. Danach schuldest du ihm dein Wohlwollen. Wenn er redet, setzt er deine Übereinstimmung voraus. Er hat die heilsame Unsicherheit dir gegenüber verloren, weil du sein Freund geworden bist. Er hat es nicht mehr nötig, deine Meinung zu erfragen, weil er sie zu kennen meint. Du bist doch sein Freund!
Da ist der Mut vor dem Freund notwendig. „Nein" zu sagen, durch die Maschen des freundlichen Netzes zu schlüpfen, unangenehm zu werden und nicht mehr vorhersagbar. Der Mutige schafft es und wird so manchmal zum Feind ernannt, weil er sich an den Gewohnheiten und Spielregeln vergangen hat. Am Ende ist der Mut vor dem Feind und der Mut vor dem Freund gleich: Es ist immer der Mut sich selbst gegenüber. Dafür hat der Mutige geübt. Oft, ohne es zu wissen.

Wenn jemand dich genau zu kennen meint, beginnt der Missbrauch.

Schwerer
als der Mut
vor dem Feind
ist der Mut
vor dem Freund.

Die Mutige scheut sich nicht ihre Göttlichkeit anzuschauen. Sie spürt die Verbindung zu ihrem Ursprung. Viele haben versucht, ihr das auszureden, und manchmal erschrickt sie selbst über ihren Mut zu diesem Schritt. Die Stimmen ihrer Vergangenheit wollen ihr diese Gedanken nicht erlauben. Sie will sich zurückpfeifen, aber sie tut es nicht. In diesen Augenblicken steht sie in der Spannung zwischen den beiden Seiten in sich: Einerseits empfindet sie ihre Hilflosigkeit, ihre Begrenzung, ihre Winzigkeit angesichts des großen Lebens; andererseits richtet sie sich auf und findet Anschluss an das Unglaubliche in sich, an die Mitschöpferkraft, an dieses Wesen, das im Schoß des Lebens liegt – nicht allmächtig und allwissend, und doch stark in der ergänzenden Kraft Gottes. Sie ergänzt Gott und wird von Gott ergänzt. Dann wählt sie, welcher Stimme sie nachgibt, und ergreift ihr Geschenk. Sie spürt Gott in sich. Sie hört auf, nach dem entfernten, fremden, namenlosen Gott zu suchen und spricht sich selbst an mit Feuer und Kraft. Aus dieser Kraft ist die Welt entstanden, und aus ihr entsteht sie jeden Tag neu.
In diesen Augenblicken geschieht ein unerklärliches Wunder in ihr: In der Nähe Gottes wird sie menschlicher. Sie ist nah, erreichbar und da.

Denke dich einen Augenblick lag in die Mitte des Weltgeschehens – Mitschöpfer, Mitschöpferin! Könnte das dein fester Platz sein?

Der Mutige kennt Murphys Gesetz: Was schief gehen kann, wird schief gehen! Manchmal denkt er, dass er das Gesetz erfunden hat, bis er hört, dass andere das auch von sich denken. Der Mutige weiß, dass sich das Leben aus kleinen und großen Katastrophen zusammensetzt, und übt sich, es gelassen zu sehen. Er war ja dabei, als die Katastrophen passiert sind, damals, als er noch Kind war, dann als Teenager und als er selbst kleine Kinder hatte. Was ihn auszeichnet ist, dass er dem Leben dafür keine Vorwürfe macht. Sein Mut ist in diesem Fall der Mut zum Neuanfang. Durch seinen Mut hat er das „Happyend" loslassen können.
Er teilt nun Mr. Murphys Sicht von Leben nicht mehr. Auch in Misserfolgen behält der Mutige den Mut zum Glück. Er hat dafür eine besondere Schule besucht: Die Schule für Verwandlungskünstler. Dort hat er gelernt, zunächst sich selbst zu verwandeln – von einem Katastrophensucher zu einem Glücksfinder – und dann durch diese Verwandlung die Umstände seines Lebens zu verwandeln. Der Unterricht fiel ihm manchmal schwer, weil er auch damals schon von Murphys Gesetz wusste und häufig mit seinem Leben bewies, dass das Gesetz tatsächlich existierte. Aber durch viele Wiederholungen gelang ihm die Verwandlung.
Langsam, aber sicher hebt er nun Murphys Gesetz aus den Angeln. Mit seinem eigenen Gesetz zieht er eine andere Welt an: „Was gut gehen kann, wird, mit etwas Nachhilfe, gut gehen!"

Lockst du mit deinem Glauben an Murphys Gesetz das Unheil an, das du vermeiden möchtest? Wie könnte dein Gesetz lauten? Wähle es so groß, dass du langsam hineinwächst.

Viele Menschen haben eine unklare Beziehung zum Tod. An ihren eigenen Tod zu denken, erschreckt sie. Dem Mutigen geht es oft nicht anders, und doch ist etwas anders an ihm. Man sagt ihm nach, dass in seiner Gegenwart das Leben auf unerklärliche Weise kostbarer zu sein scheint. Manchmal gibt er sein Geheimnis preis: Er denkt den Tod mit, und darum wird das Leben dichter, kostbarer und geheimnisvoller. Es ist die große schwarze Folie im Hintergrund, auf der jede Farbe und Linie deutlicher sichtbar wird.
Um sich dieses Mitdenken des Todes zu erleichtern, hat er sich entschieden, zu glauben, dass es ein Leben nach dem Tod gibt. Der Tod ist für ihn ein Durchgang, die enge Stelle an der Eieruhr. Danach geht es weiter. Es ist sein Glaube, der manchmal fast zu wenig ist, um gegen das Gewicht und die Bedrohung des Todes anzukommen, aber mit seinem Mut schafft er es. In seinem Denken erlaubt der Mutige nicht mehr das Tabu seines Todes. Er weiß, dass er mit dem Tod leben kann.

Die höchste und schwerste Form des Loslassens ist, den Tod anzunehmen. Du bist dazu fähig. Es ist Ausdruck deines konzentrierten Mutes.

Etwas zerstört die Mutige. Es frisst sie von innen auf. Ihr fehlt die innere Stärke, sich dagegen zu wehren. Sie ist nie jemand gewesen, der davon läuft, und doch geht sie. Sie geht nicht leichtfertig, aber sie hat den Mut, ihre Lage anzusehen. Häufig ist nichts schwerer als das. Sie sieht an, was ist, und überschlägt ihr Leben und die Zerstörung ihres Lebens und geht aus der Zerstörung hinaus. Sie wird von vielem festgehalten, darum braucht sie sogar die Reserven ihres Mutes, um den Schritt zu wagen. Nichts hat nur eine Seite, darum ist es schwer. Sie hat das Positive und das Negative gegeneinander gestellt, und das Negative hat überwogen.

Sie weiß, dass ihr Leben jedes Jahr schrumpft: Sie wird bitterer, hoffnungsloser, liebloser. Ihr Mut und ihre Liebe lassen sie das klar sehen. Darum verlässt sie das, was sie zerstört. Sie glaubt sich ihre Ausreden nicht mehr. Sie glaubt, dass sie den Weg zurückfindet zu sich selbst. Ihr Mut zeigt ihr nicht, was leichter ist, wohl aber, was lebensfördernder ist. Das ist ihr Ziel: Sie will die Person verlassen, die sie war, um die zu werden, die sie sein kann. Es wird eine Reise der Liebe werden.

Kannst du dich vor dem retten, was dich zerstört? Wie viel davon ist in dir?

Die Mutige bejaht die Wandlung. Früher hat sie zu denen gehört, die Festigkeit brauchen. Sie wollte wissen, wie alles weitergehen würde. Sie machte Pläne, entwarf Strategien, rechnete hoch, entwickelte feste Vorstellungen, schloss Versicherungen ab, schaffte sich auf jede erdenkliche Weise Stabilität und gab dem Leben vor, wie es sich zu verhalten habe. Aber das Leben hielt sich nicht daran. Es kam immer wieder anders. Da nahm sie Veränderungen an ihren Theorien vor und lockerte die Festigkeit ihrer Strategien. Sie erlaubte dem Leben „mildernde Umstände". Dabei gelang es ihr immer weniger, ihre Vorstellungen zum Ablauf des Lebens „hinzubiegen", um sie mit ihren Vorstellungen deckungsgleich zu bekommen. Irgendwann gab sie sich geschlagen – das Leben machte, was es wollte. In genau diesem Moment, dem Moment der Niederlage, öffnete sie sich, zunächst noch ohne es selbst zu wissen, für das schmerzvolle, beglückende Leben. Auch, wenn sie darunter litt, ließ sie die Weisheit des Lebens an sich geschehen.
Jetzt versucht sie nichts mehr festzuhalten, weil sie weiß, dass alles sich wandelt. Nie tritt sie in den gleichen Fluss, nie atmet sie die gleiche Luft. Nie ist ihr Körper der gleiche, nie spürt ihre Seele das Gleiche. Es gibt Ähnlichkeiten im Erleben, und doch ist jedes Erlebnis unvergleichlich. Aus der, die bestimmen wollte, ist die Erlebende geworden.
Jetzt bejaht und liebt sie die Wandlung, und was früher Bedrohung war, ist nun für sie Erfüllung. Sie ist in das Abenteuer des Werdens getreten. Nun nimmt sie ihren ganzen Mut zusammen und will es so, wie es ist. Zu Anfang war es ihr dabei, als ziehe sie sich selbst den Teppich unter den Füßen weg, als löse sie selbst das auf, was ihr Sicherheit gegeben hatte. Bis sie begriff, dass das Leben so oder so geschieht, ob wir uns dagegen stemmen oder ob wir uns in den Fluss der Wandlung stellen. Wir können uns die Um-

stände unseres Lebens nur begrenzt gefügig machen, aber unsere Einstellungen und Haltungen können wir formen und gestalten, bis sie Kunstwerke sind.
Jetzt lässt sie sich überraschen.
Jetzt überrascht sie sich selbst.
Jetzt hat sie den Mut zum Augenblick.
Rückblickend erkennt sie nun, dass ihre Sicherungsmaßnahmen aus einer tiefen Angst vor der Unsicherheit des Lebens kamen. Jetzt hat sie den Mut, die Unsicherheit zu ertragen. Was jetzt konstant in ihrem Leben ist, ist die unfassbare und nicht bestimmbare Verwandlung.

Was sich nicht verwandelt, zerbricht oder versteinert irgendwann – eine Idee, ein Glaube, ein fleischernes Herz. Wieder haben wir die Wahl.

Die Mutige ist schön, aber nicht von einer Schönheit, die ein Spiegel erfassen kann. Schönheit ist die Treue zu sich selbst, zum eigenen Kern und die Liebe zum eigenen Wesenhaften. Es ist eine geistige und seelische Schönheit, in der die Stränge des Wesens eines Menschen zusammengefügt sind, um das Herz des Menschen sichtbar zu machen.

Ihre Schönheit spricht von einer Zugehörigkeit zum Größeren, Weiteren, Tieferen, Ewigen. Der Mut hebt sie aus der Enge und stellt ihre Füße auf weiten Raum, in dem die Möglichkeiten zunehmen anstatt abzunehmen. Die Mutige hat sich mit ihrer eigenen Geschichte versöhnt und dabei für eine neue Geschichte geöffnet, eine immer bewusstere. In der Entfaltung dieser Geschichte liegt ihre Schönheit und Anziehungskraft. Da wird auch eine stille, starke Energie freigesetzt, die die Mitmenschen der Mutigen fühlen. Sie merken, dass sie in eine spirituelle Welt eintreten, wenn sie sich in der Tiefe mit ihr einlassen. In ihrer Gegenwart wird spürbar, dass nicht nur das, was vor Augen ist, wirklich ist.

Die Mutige ist schön, auch ohne eine überragende Intelligenz, auch ohne perfekte Haut, auch ohne eine auffallende Gestalt, weil sich in ihr das Leben auf eine unnachahmliche Weise gestaltet hat. Darin gelingt es der Mutigen zu ruhen. Im Lauf ihres Lebens kommt sie immer mehr bei sich an. Sie ehrt sich, sie ermuntert sich und fordert sich heraus. Dabei fällt ihr manches zu, weil sie sich für den Mut entschieden hat. In ihm ist es leichter, die Wege zu entlarven, die keine gangbaren Wege sind. So verschwendet die Mutige wenig Zeit mit dem, was sie nicht weiterführt.

Wo diese Mutige wohnt, willst du wissen? Wo sonst, wenn nicht tief in dir?

Die Mutige verehrt nichts und niemanden, weil sie darin Beziehungslosigkeit erlebt. Verehrung ist Abstand und Gefälle. Sie wünscht sich eine Nähe, in der die Liebe Mauern überspringen kann, um zum anderen zu gelangen. Nur Mut kann die Entfernung und das Gefälle aufheben und der Liebe eine Chance geben.

Hast du dich daran gewöhnt, die Überlegene oder die Unterlegene zu sein? Könnte es sein, dass du dich selbst in der Gemütlichkeit der Rolle verlierst?

Die Mutige traut sich zu sagen: „In meiner Welt geht immer alles richtig!“ Es ist ein großer Schritt, es zu sagen, und ein noch größerer Schritt, es zu glauben. Es dann zu leben, heißt auch die Gefühle umzutrainieren. Dabei weiß sie, dass nicht immer alles „richtig“ geht, dass es Verluste, Niederlagen und Enttäuschungen gibt. Aber sie lernt, allem eine Bedeutung zu geben und es so aus dem Schicksalhaften herauszuheben. Sie erleidet ihre Geschichte nicht, sondern gestaltet sie, indem sie sie deutet. Sogar die Vergangenheit kann sie noch verändern, indem sie ihr eine Bedeutung gibt, aus der sie etwas lernen kann. Die Mutige hat die Fähigkeit, sich von dem, wie es gewesen sein sollte, zu trennen und sich darauf zu konzentrieren, wie es sein kann. Damit nimmt sie das Schicksal in ihre Hand.
Manchmal traut sie sich in diesem Zusammenhang an die große Frage heran: „Hätte ich ein anderes Leben führen können, oder war meine Wahl immer die einzige, die ich treffen konnte?“ Sie beantwortet die Frage immer häufiger mit dem Satz: „Es kam so, wie es nur kommen konnte.“ Sie fragt nicht, was der Sinn des Lebens ist, sondern welchen Sinn sie dem Leben geben kann.

Findest du den Satz amerikanisch übertrieben, abgehoben, unrealistisch? Wagst du, dich dem Satz auszuliefern? Ihn anzuhören, ohne ihn gleich abzulehnen, ist ein erster Schritt.

Die Mutige
traut sich zu sagen:
In meiner Welt
geht immer alles richtig.

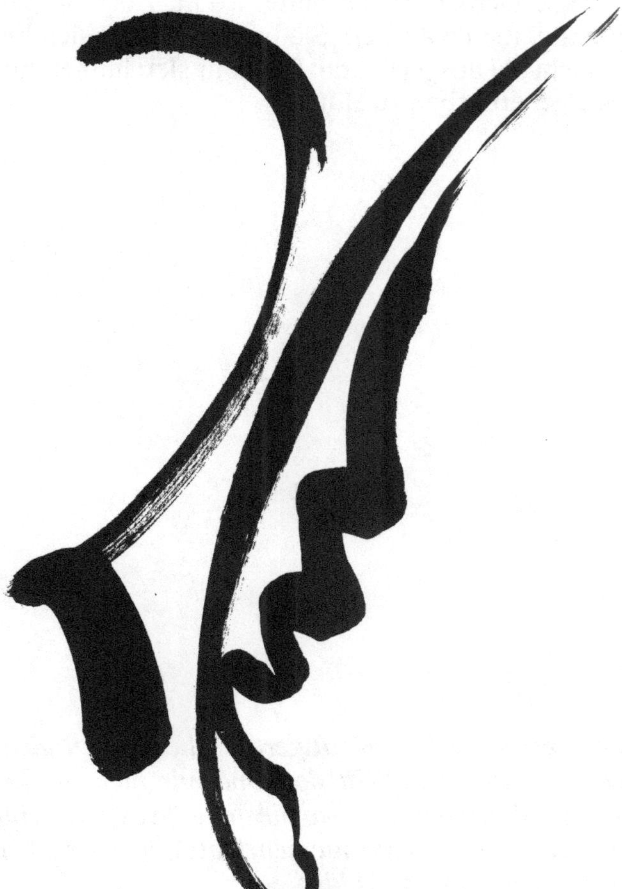

Die Mutige lebt ganzherzig. Sie teilt sich nicht in Stücke und lebt nicht mit einer Hälfte ihres Herzens hier und mit der anderen anderswo. Immer mehr lehnt sie ab, was sie nur halbherzig tun kann. Dann tut sie es lieber nicht. So, wie sie hier ist, so ist sie dort. Was sie öffentlich tut, ist im Stillen vorbereitet. Was sie im Lauten erlebt hat, nimmt sie zu sich in die Stille. Sie holt alle Seiten ihrer Persönlichkeit in die Mitte, wo ihr Herz ist. Sie vernachlässigt nichts an sich. Sie hebt nichts an sich hervor. Das macht sie ausgeglichen. Sie fühlt sich immer mehr in ihrem eigenen Leben zu Hause.

Manchmal ist nichts wichtiger, als herauszufinden, wo unser Herz schlägt: Nicht dort, wo wir meinen, dass es schlagen sollte, nicht dort, wo die anderen es gern schlagen ließen, nicht dort, wo wir meinen, Gott erwarte es. Nur da, wo wir fühlen, dass es schlägt.

Der Mutige erlaubt seit einiger Zeit zum ersten Mal den Gedanken, dass Bewusstwerdung nicht alles ist. Wie man eine neue Jacke anprobiert, so probiert er jetzt manchmal Gedanken an, die ihm vor fünf Jahren fremd waren. Sie sind noch sehr groß. Flüsternd denkt er, und vorsichtig geht er über das hinaus, was er kennt und was ihm vertraut ist. Ihm kommt das Bild des großen Flusses in den Sinn, der im Meer mündet.

Er hält sich nicht fest. Er braucht sich einen Augenblick lang nicht mehr als der zu sehen, der er jetzt ist. „Ich kann mich verlieren und im Verlieren mehr finden, als ich mich je hatte. Und selbst wenn ich mich verliere und aufhöre der zu sein, den ich liebe, weil ich sein Leben all die Jahre gestaltet habe, desto eher werde ich den Größeren in mir finden, der schon lange von mir gefunden werden wollte."

Es ist der größte Mut, den er sich je abverlangt hat. Darum schlüpft er manchmal schnell wieder zurück in das Bekannte und Vertraute. Aber seine Ausflüge in diese neue Gedankenwelt werden länger, und während er dort ist, entsteht eine Welt um ihn, die frisch ist wie das erste Frühlingsgrün.

Was es zu wissen gibt, ist nicht alles. Was es zu fühlen gibt, ist nicht alles. Was es zu glauben gibt, ist nicht alles. Was es zu denken gibt, ist nicht alles.

Der Mutige hat seinen letzten Lehrer schon vor Jahren weggeschickt. Jetzt lernt er von allen und von allem. Gern hört er die vielen Stimmen, aber er muss sich nach keiner mehr richten. Er weiß, dass jeder nur für sich selbst spricht – auch gerade der, der meint, er müsse für andere sprechen.
Der Mutige braucht nicht mehr die Festigkeit des Aufgeschriebenen. Es kam ihm mehr und mehr in Quere, wenn er einen eigenen Weg suchte. Kapitel und Vers fielen ihm ein, und er konnte kaum seine eigene innere Stimme hören. „Du brauchst keinen Lehrer mehr“, flüsterte es in ihm wie eine Versuchung. Bis er merkte, dass diese Stimme nicht aus Überheblichkeit kam, sondern aus dem tiefen Wunsch, sich selbst mehr zu trauen.
Es ist der Mut, ein eigener Mensch zu sein. Nichts fällt uns so schwer, und doch wünschen wir nichts so sehr. Vielleicht ist die Angst davor ein Überbleibsel aus ganz alten Zeiten, in denen wir abhängig waren von unserem Stamm. Er beschützte uns, und es war wichtig, nichts zu tun, was uns aus dem Stammesverband herauslöste. Der Mutige weiß das und wagt es trotzdem. Er stellt jetzt manchmal fest, dass sich eine neue, tiefere Verbundenheit zwischen denen bildet, die wie er ohne Lehrer leben. Er nennt sie die „Gemeinschaft der Freien“.

Das Beste, was ein Lehrer für den Schüler tun kann, ist, die eigene innere Stimme des Schülers wieder zu Wort kommen zu lassen.

Stillsitzen ist Mut. Es erinnert an den Mut des Bauern, der die Saat eingesät hat und sich dann schlafen legt. Er tut nichts mehr, er vertraut, dass die Saat aufgeht. Sein Mut lässt ihn gut schlafen.
Der Mutige kann so still sitzen, dass die ganze Welt zu ihm kommt. Schon als Kind hat er gedacht: Wenn er sich mit einem Ballon um nur wenige Meter über die Erde erheben könnte, käme die ganze Welt zu ihm, weil sie sich unter ihm dreht. Jetzt kann er es im übertragenen Sinn. In seinem Stillsein merkt er, dass die Welt schon lange bei ihm ist. Seine Unruhe und sein verzweifeltes Suchen haben ihn blind gemacht für das, was schon bei ihm war. In dem Maß, wie er zu sich kommt, kommt die Welt zu ihm.

Gehörst du zu den Sorgenden, die meinen, alles hinge von ihnen ab? Die ganze Zeit kompensiert das Leben für das, was du nicht tust. Es geht ohne dich weiter. Und doch stehst du in der Mitte, in der du zählst.

Die Mutige hat den überragenden Wunsch, dass Gott in ihr geboren werden möge. Nicht als Lehre, Theorie oder als Formel, sondern als Geist von ihrem Geist. So tief ist der Wunsch, dass er sich verkleidet, um die Mutige nicht umzuwerfen. So gibt es Tage, da weiß sie nicht, dass sich in dem, was sie tut und sagt, dieser Wunsch ausdrückt und dass ihr Leben größer ist als sie ahnt. Unaufhörlich ereignet sich das Unermessliche.
Die Tasse Tee in ihrer Hand, das eine Wort auf ihren Lippen, der Seufzer, die Gedanken über das gelesene Buch, das Musikstück in ihren tanzenden Gliedern, das sprachlose Gebet, das dunkle Brot, die hellen Wolken in ihren Augen, der lange Weg durch die Krankheit, die Stille des Leids – sie alle beherbergen den großen Wunsch und drücken ihn aus. Gott wandert in ihr durch das Land.

Wenn nicht in dir, wo sonst?

Es ist ein heller Tag mit ziehenden Wolken. Es gibt keine wichtigen Schlagzeilen. Der Mutige hat sich eine Tasse Tee gemacht, so ungefähr wie du jetzt. Er hat seine Rechnungen bezahlt und einige Telefonate geführt. Er denkt an die bevorstehenden Wochen, an die Entscheidungen, die anstehen, an die Unruhe in seinem Leben. Dann macht er einen kühnen Sprung. Er lässt alles hinter sich und beginnt zu lachen. Er lacht über den Ernst des Lebens, speziell lacht er über seinen Ernst. Er lacht, weil er weiß, wie vergänglich alles ist. Schon morgen gilt manches von heute nicht mehr. In einem Jahr wird er sich kaum noch daran erinnern, was ihn heute umgetrieben hat. In zehn Jahren wird er ein anderer Mensch sein. Seine Haut wird sich bis dahin mehr als zehnmal komplett erneuert haben, seine inneren Organe werden andere sein als die, die er heute in sich trägt – jede Zelle seines Körpers wird viele Male ersetzt worden sein. Er wird etwas anderes glauben, er wird anders lieben und anders hoffen.
Er lacht sich frei. Sein Lachen kommt aus der Haltung eines Menschen, der nichts zu verlieren hat. Er hat bereits alles losgelassen, und darum hält ihn nichts mehr. Für diese Momente gelingt es, aber irgendwann werden die Menschen, die Gedanken und Dinge ihn wieder besitzen, und er wird das Lachen verlieren. Aber er lacht jetzt häufiger als früher und herzhafter. Der Mut lacht mit.

Vielleicht ist nichts so wichtig, wie wir meinen. Zu lachen erlaubt allem, seinen Platz zu finden. Vielleicht steht uns unser Ernst mehr im Weg, als wir ahnen.

Die Mutige liebt es, dass das Letzte nicht mit dem Verstand zu erfassen ist. Geahnt hat sie es schon früher, aber „wissen" tut sie es noch nicht lange. Weil sie ein Kind der Zeit ist, hat sie geglaubt, dass alles zu erforschen und letztlich auch zu verstehen sei. Sie hat darüber nicht viel nachgedacht, sie hat es einfach angenommen. Es war eine Grundstimmung. So hat sie Bücher gelesen, so ist sie zu ihrer Ärztin gegangen, so hat sie ihr spirituelles Leben gelebt – geleitet von einem Kopf, der irgendwann alles richtig versteht, weil die Welt verständlich ist. Manches ist zwar schwer zu verstehen, aber die Schlauen finden schon einen Weg und werden es dann uns allen weitersagen.
Überrascht war sie, als sie selbst Dinge tat, die sie nicht verstand. Erst wehrte sie sich dagegen. Sie erwartete von sich, wieder auf den Teppich zu kommen. Der klare Kopf kam wieder, aber das Verständnis kam nicht. Sie blieb sich in Teilen ein Rätsel. Da sagte ihr eine Stimme: „Das Letzte ist nicht mit dem Verstand zu erfassen." Sie begehrte auf, sie strengte sich an. Sie lernte und kämpfte, aber das Unverständliche wuchs. Sie spürte dabei die uralte Angst, die vor tausend Generationen schon da war: die Angst, dem Leben ausgeliefert zu sein. Langsam gab sie der Angst nach und erlaubte das Unverständnis. So wuchs die kleine Flamme des Unverständlichen. In ihrer Nähe wurde ihr warm, und eine Last fiel ihr von den Schultern.
Irgendwann sagte ihr jemand, je größer das Wissen ist, desto länger ist die Naht, an der das Wissen auf das Unverständliche trifft. Seitdem spürt sie die unmittelbare Nähe des grenzenlosen Geheimnisses. Sie staunt wieder, wie sie es als Kind tat.

Welch eine Befreiung, nicht mehr verstehen zu können!

Der Mutige kann mitten im Satz aufstehen, er kann bei einer Mahlzeit sein Besteck hinlegen und sich entscheiden, ganz anders zu leben. Er kann auf einer Reise auf halber Strecke umkehren und eine andere Richtung wählen. Er hat den Mut dazu. Er ist auch zu einer Veränderung, die ans Herz geht, bereit. Er flieht nicht in eine Sicherheit, in der er sich nur noch zitiert und wiederholt. Er erkennt die Augenblicke seines Lebens, diese Sekunden und Minuten als große Chancen. Etwas ballt sich zusammen und fordert ihn heraus. Er geht auf die Herausforderung ein und erkennt in ihr den neuen Weg.
Diese Begabung zur Veränderung wächst in seinem Alter noch, wenn andere sich zur Ruhe setzen und Rückblick halten. Der Mutige schaut auch dann noch nach vorne. Was andere als anstrengend empfinden, ist auch für ihn anstrengend, aber es ist auch notwendig. Er kann es sich für sich nicht anders vorstellen. Das manche den Kopf über ihn schütteln, macht ihm wenig aus. Er hat ein privates Motto, das er selten laut sagt: „Wenn sich so viele an dem stoßen, was ich tue, dann muss ich etwas richtig machen.“ Er ist glücklich, nicht festlegbar zu sein.
Gerade richtet er sich auf. Er wirkt, als wäre er wieder einen Kopf größer geworden. Er geht aus dem bekannten System mit seinen Regeln hinaus wie einer, der einem unsichtbaren Himmelskörper verpflichtet ist. Er umkreist eine andere Sonne. Andere Mutige erkennen seinen Weg.

Hältst du dich fest mit Erwartungen, die du einmal an dich hattest, aber längst erfüllt hast? Gibt es noch unerforschte Orte in deiner Seele, die schon lange auf dich warten?

Der Mutige hält seine Leere aus. Es ist die Leere, in der er alles in Frage stellt und am Sinn seines Lebens zweifelt. Er will keinen Mut, der nur durch Blindheit und Dummheit möglich ist. Es wäre kein Mut. Sein Mut muss so fest in der dunklen Wirklichkeit stehen, dass er blutet und leidet und doch nicht untergeht. Ohne das geht es nicht, und so blickt er in die Leere und hält es aus. In der Läuterung, die in ihm passiert, verbrennen die Sprüche, die er nicht mehr füllen kann. Er verbietet sich darüber zu sprechen, was er nicht bereit ist zu leben. Innen und außen werden eins. Er ahnt, dass am Ende nur das reine Gold seines Wesens übrig bleiben wird.

Er spürt, dass seine Existenz auf dem Spiel steht, und gleichzeitig spürt er auch, dass er in einer Geborgenheit lebt, deren Ursprung er nicht benennen kann. Alles in Frage stellen zu können, ist ein tiefer Ausdruck seines Glaubens. Mit seinem Wesen drückt er aus, dass das, woran er glaubt, nicht abhängig ist von seinem Glauben.

Er bekämpft die Leere nicht mehr. Er hat sie als Teil seines Menschseins erkannt. Wenn sie ihn jetzt ab und zu überfällt, muss er sich selbst und niemandem etwas beweisen. Die Leere ist Ausdruck seiner Reife: Er tut nicht so, als wäre er immer erfüllt, glücklich und zufrieden.

An guten Tagen entdeckt er, dass sich gerade in seiner Leere Welten auftun, die er nicht gekannt hat. Er lebt aus einer neuen Tiefe. Das Leben ist ein großes Geschenk, und er packt dieses Geschenk jeden Tag neu aus. Ganz gleich, ob es Leere oder Fülle enthält – er ist dankbar.

„Ich habe in mich geblickt und den Abgrund gesehen. Dann habe ich eine Brücke über den Abgrund gebaut. Ich bin Abgrund und Brücke."

Wo ist noch Platz in dir?

Der Mutige
begreift die Leere
als Teil des
Menschseins.

Der Mutige achtet. Er achtet das Wesen der Menschen. Er hört auf das Herz, auch da, wo kein Herz mehr zu schlagen scheint. Er verlacht nicht und er belächelt nicht. Er erkennt im Weg des anderen die Souveränität eines individuellen Lebens.
Er verurteilt auch nicht das Wesen des anderen. Er sieht den Menschen und seine Taten getrennt. Er weiß, dass die Verzweiflung eine schlechte Beraterin ist und den Menschen verrückt vor Schmerz macht, sodass er vieles tut, was Leben zerstört. Er heißt die Taten, die daraus entstehen, nicht gut, aber er sieht den Menschen nicht als jenseits von Rettung.
Er achtet auch dann noch, wenn ihm Verachtung entgegenschlägt. Er hat gelernt, dass er bei sich bleiben muss und nicht reagieren muss. In seiner Achtung stellt er die in der Missachtung zerbrochenen Ordnungen des Lebens wieder her und gibt so dem Leben die beste Chance. Achtung zieht Achtung nach sich, so wie Gewürdigtwerden Würdigen auslöst.

Wir müssen nicht missachten. Sätze, die mit den Worten beginnen „Ich konnte nicht anders…" oder „Da musste ich doch…", sind immer eine Ausflucht.

Die Mutige nimmt unaufhörlich Abschied. Sie lässt los, und darin kommt alles zu ihr. Sie füttert ihre Seele nicht mit Bildern von Permanenz. Sie fastet von der Sorge für die Zukunft. Sie umarmt die Gegenwart. Ihr Wesen ist leicht mit dem Mut zu diesem Tag, zu diesem Gespräch, zu dieser Tätigkeit, zu diesem Augenaufschlag. So kommt sie unaufhörlich in der Gegenwart an – ansprechbar, offen, erfüllt, bejahend.

Ihre Seele ist wie ein Vogel, der sich für einen Augenblick auf einen schwankenden Ast setzt, bis ihn die Luft wieder ruft. Ihre Sprache bringt die Ahnung einer anderen Welt mit sich. Ihr Wesen – verankert in der Vorläufigkeit – ist weich. Sie muss keine Stärke spielen, weil sie niemandem etwas beweisen will. Sie ist sich genug.

Auf Umwegen und verwandelt kommt das Verabschiedete wieder zu der Mutigen zurück. Sie versteht immer mehr, dass alles Loslassen das Loslassen des eigenen Festhaltens ist. Es geht nicht um die Dinge und Menschen, sondern nur um sie – um die Früchte ihrer Seele. Diese reift sie, wie die Sonne die Äpfel, Pflaumen und Pfirsiche reift.

Wir werden von dem besessen, was wir unbedingt haben wollen und dann festhalten. Vielleicht finden wir die Freiheit so schwer, weil wir sie unbedingt finden und haben wollen. Was, wenn alles hier nur ein kurzes Zwischenspiel wäre und das Eigentliche vor und nach diesem Leben passierte?

Die Mutige lebt nicht mehr von dem Gedanken, dass jemand für sie leben oder sterben muss. Ihre Gedanken um Stellvertretung reichen bis zum Tod, aber der Tod ist nie die Strafe, die abgewendet werden muss, sondern der Tod selbst ist die Verirrung, die überwunden werden muss. Der Anfang dazu ist, nicht mehr von Schuld zu sprechen, sondern von Wachstum. Sie begreift, dass sie nicht die Erlösung von ihren Fehlern braucht, sondern die Erlösung zu dem, was in ihr an Liebe angelegt ist. Sie wird von ihrer wachsenden Liebe erlöst. Sie spricht manchmal von „Entfaltung“, von diesem geheimnisvollen Prozess, nach dem eine Blume weiß, wann sie ihre Blüte auftut. Das Leben der Mutigen geht zum Leben hin, und sie glaubt – manchmal unsicher und zaghaft – dass auch ihr Tod zum Leben gehen wird.

Vorsichtig geht sie mit diesem Gedanken um. Sie spürt die Angst vor ihrem Mut. Auch das gehört dazu. Dann entwickelt sie wieder Mut angesichts ihrer Angst und verweist ihre Angst in die Schranken.

Sie erinnert sich an ihren Glauben, dass sie zu einem Zweck entstanden ist und ihr Denken Teil dieses Zwecks ist. Sie sucht sich zwar ihr Denken von Tag zu Tag aus, aber dass sie so denken kann, ist nicht nur ihre Wahl. Sie weiß, dass das Leben ihr Denken braucht, darum hat es sie eingeladen und mit gewissen Gedanken begabt. „Was wir denken, sind wir berufen zu denken“, wiederholt sie und entwickelt ihre Gedanken mit Überzeugung. „Und ebenso sind wir berufen zu wählen zwischen unseren Gedanken, damit die lebensförderlichen überhand nehmen.“ Und wenn jemand ihr sagt, dass sie sich das herauspickt, was ihr gefällt, dann erwidert sie mit demütigem Stolz: „Ich bin berufen Ich zu sein, und nichts anderes bin ich.“

Ohne dabei hochmütig zu werden, erkennt sie sich selbst als eine Frau, auf die die Welt gewartet hat. Sie erkennt

ihren Platz und beginnt ihn durch ihren Mut zu füllen. Ohne sie würde ein Stein im Mosaik fehlen.
Und die, die einen Augenblick lang ihre eigenen Lehren, Theorien und Dogmen hinter sich lassen können, sind erstaunt über die liebende Stärke der Mutigen. Sie begreifen in diesem Augenblick, dass sich das Leben unaufhaltsam ausbreitet, ganz gleich, was wir glauben. Die grüne Kraft der natürlichen Suche gewinnt am Ende gegen die graue Kraft der Theorie.

Glaubst du, was du glaubst? Der Weg vom Kopf zum Herzen ist immer noch weit.

Leidenschaftlich liebt der Mutige die mystische Welt. Als er die Wirklichkeit abgeklopft hat, hörte sie sich manchmal hohl an. Da ahnte er, dass die ganze fassbare Welt nur dazu da ist, uns ein Gespür für die Wirklichkeit dahinter zu geben. Die Welt um uns ist ein Zauberer, der nichts anderes vorhat, als uns langsam zu Geist zu verwandeln.

So ist er auf seine endlose Seele gestoßen. Sie ist ein ganzer Kosmos, ohne Anfang und Ende. Er durchzieht sie einmal mit Lichtgeschwindigkeit und dann wieder im Schneckentempo und entdeckt dabei jedes Mal etwas anderes. „Ich bin auch das Unfassbare an mir“, flüstert er sich dann zu. „Ich habe mich zu einfach eingeschätzt.“ Dann kehrt er immer wieder zurück zur alltäglichen Welt des Essens, des Schlafens, des Denkens, der Autos, der Haut, der Luft, des Wassers und der Bäume. So bleibt er der Erde nah.

Er liebt nun auch das Ungreifbare, so wie er das Greifbare immer liebte. Er fürchtet sich nicht vor der Seite an sich, die ihn neben die alten Mystiker stellt. Seine Freunde warnen ihn, dass er sich zu sehr aus dem Fenster hänge. Er antwortet nur: „Man muss sich so weit aus dem Fenster hängen, dass man den Fensterrahmen nicht mehr sieht.“

Wenn wir uns selbst gut zu kennen meinen, fangen wir an, uns zu langweilen. Kannst du dich noch überraschen? Das Unbekannte wartet in uns.

Die Mutige legt zunehmend mehr das Bedürfnis ab, „normal“ zu sein. Sie befreit sich von dem Druck, der wie ein großes Gewicht auf vielen liegt: so zu sein, wie andere es erwarten und wie es einer Norm entspricht. Sie hat durchschaut, woher der Druck kommt. Sie entkräftet ihn fast täglich, indem sie sich auf ihre Einmaligkeit konzentriert. Der Mut ist wie eine Spurensuche: Sie geht den Erscheinungen ihrer selbst nach („Da bin ich!“, ruft sie, und „darin finde ich mich wieder“.) und verbindet sie zu einer Kette von Eigenschaften, die ihr unverwechselbares Profil bilden.

Sie konzentriert sich auf ihre innere Schönheit. Ihre Glieder, Schwünge und Formen sind Ausdruck einer Seele, jenseits jeder Gestalt. Sie will nicht mit ihrem Aussehen wirken. Sie braucht nicht so zu glauben wie ihre Nachbarinnen und Freundinnen. Sie muss nicht eine gewisse Fraulichkeit leben, um einem Bild zu entsprechen. Sie muss sich nicht an die Regeln von Fremden und Freunden halten. Sie braucht die Frauensprache nicht zu sprechen, in der alle Vokale nach einem sanften Ausdruck suchen. Sie braucht ihre Sehnsucht nicht als Feindin anzusehen. Und wenn sie den Mann, (der zwar ihr Partner ist, sie aber doch versucht zu leiten, als hätte sie es nötig) nicht so braucht, wie er es gern hätte, dann ist auch das Ausdruck ihres Mutes.

Die, die uns „normal“ wollen, denken meistens nicht an uns, sondern an sich – an die Vereinfachung ihres Lebens.

Die Mutige kann warten, und sie kann handeln. Sie hat sich nicht nur auf eines spezialisiert, weil ihr das andere schwer fällt. Sie hat beides geübt und kann jetzt beides wie eine Fertigkeit einsetzen. Wenn sie wartet, wartet sie. Sie traut ihrem Warten. Sie traut den Rhythmen, in denen sich das Leben abspielt. Und wenn sie handelt, dann handelt sie. Sie ist Tat, nicht, weil sie meint, immer richtig zu handeln, aber weil sie weiß, dass sie am meisten lernt, wenn ihre Handlungen eindeutig und entschieden sind.

Ihr Warten ist durchzogen von einer großen Bereitschaft zu handeln und doch ist sie nicht unruhig. Im Warten geht sie nach innen und wird weit angesichts der Möglichkeiten. Warten ist eine Handlung des Herzens, die nicht im Widerspruch zum Handeln steht. Warten hat eine Textur, eine Wärme, eine Reichweite, sodass manchmal schon im Warten das Eigentliche geschieht.

Eine Schülerin wartete auf die erste große Begegnung mit dem Weisheitslehrer. Als dieser nicht kam, kämpfte die Schülerin erst mit ihrem Ärger. Danach jedoch konzentrierte sie sich auf die Fülle, die im Warten liegt. Nach Jahren erschien der Lehrer endlich, durchquerte den Raum und verließ ihn dann wieder mit den Worten: „Mit meiner Abwesenheit war ich all die Jahre bei dir, und du hast schon alles von mir gelernt, was du lernen kannst."

So errichtet die Mutige im Warten ganze Welten. Sie lässt entstehen, was für andere unvorstellbar ist. Zu handeln ist nur der letzte Schritt einer langen Reise. Ihr Handeln schließt nicht Möglichkeiten aus, sondern eröffnet neue, so wie es das Warten getan hat.

Wenn das Warten erfüllt ist mit dem Wesen des wartenden Menschen, ist es eine kraftvolle Form von Handeln.

D

Die Mutige hat den Mut zu hören, was nicht gesagt wird. Sie weiß, dass die Sprache ein Versteck ist. Sie hört darum an den Worten vorbei, sie hört über die Handlungen der Menschen hinaus. Sie achtet auf die Sprache des Wesens, die auf sie zufließt wie ein großer Wunsch.

Auch sie als Hörende hat nicht mehr den Schutz der Sprache. Sie lässt sich auf das Ungeschützte des Menschen ein, auf seine tiefste Not, auf das Leid seines Wesens. Sie geht mit in den Abgrund, ohne darin unterzugehen. Sie kann dies, weil sie selbst wie der Mensch ist, auf den sie hört, und sich selbst nichts sehnlicher wünscht, als auf diese Weise gehört zu werden. Durch die Mutige kommt ein neues Hören in die Welt.

Hören erfordert viel Mut, weil der Hörende nicht in seiner Welt ist, in der er sich auskennt, sondern in der Welt des Sprechenden mit all seiner Fremdheit. Die Angst vor der Fremdheit des anderen lässt uns nicht richtig hören. Wir wollen schnell selbst wieder reden, weil wir uns dort auskennen. Wir wollen schnell wieder das Dach über dem Kopf und nicht das unbehauste Dasein.

Es gibt Hörkünstler. Wäre das etwas für dich?

D

Die Mutige vertraut. Sie hat den Zynismus abgelegt. Sie sieht, wie Sarkasmus zerstört. Sie glaubt nicht, weil sie Beweise hat. Sie glaubt im tiefsten Sinn des Wortes: ohne einen Beweis zu haben. Es ist der Sprung in den Abgrund, der auch gleichzeitig der Sprung in den Himmel ist. Sie glaubt nur, was sie nicht beweisen kann. Sie glaubt jenseits aller Beweise und jenseits ihrer Fähigkeiten, etwas zu verstehen. In ihrem Vorschuss an Vertrauen zeigt sich ihr Mut. Sie ist bereit, sich in die Unsicherheit zu begeben.

Ihr Mut erlaubt ihr, die Inhalte ihres Glaubens selbst zu bestimmen. Das, was andere gern für sie entscheiden möchten, lehnt sie ab. Sie hat sich gelöst von Lehren, von Vorgaben, von Dogmen und Systemen, von endgültigen Verlautbarungen, von Schriften, von heiligen und profanen Büchern, von den Kostbarkeiten anderer. Sie ist zurückgekehrt zu ihrer inneren Stimme. Sie gehört zu nichts und gehört darum zu allem.

Sie ist nicht käuflich, weil sie keinen Preis hat. Die Echtheit ihres Lebens ist mit nichts anderem aufzuwiegen.

Spürst du noch immer den Rest einer Überzeugung, dass jemand anders oder ein Buch oder eine Lehre besser weiß, was für dich richtig ist?

Die Mutige vertraut. Sie glaubt nicht, weil sie Beweise hat. Sie glaubt im tiefsten Sinn des Wortes: ohne Beweise. Es ist der Sprung in den Abgrund, der auch gleichzeitig der Sprung in den Himmel ist.

Die Mutige erschrickt nicht über ihre Gedanken. Sie wendet sich nicht gegen das, was aus ihr kommt. Sie hört sich. Sie will nicht mehr das glauben, was das Denken verhindern soll. Sie liebt den Abgrund des Denkens, in den ihre Gedanken manchmal wie im freien Fall fallen. Sie erlebt, dass sie sie zurückholen kann. Kein Gedanke ist zwingend. Jeder Gedanke ist dem Denkenden unterworfen. Kein Gedanke hat das Recht zu meinen, er müsse zur Regel erhoben werden. Jeder Gedanke ist nur eine Anprobe. Wenn er passt, sitzt und genug Freiheit zur Bewegung erlaubt, schickt sie ihn nicht weg. Kein Gedanke ist endgültig. In jedem Gedanken regt sich sofort ein neuer. Es liegt in der Natur der Dinge, die endlos sind.
Zunehmend erlebt sie ein gedankliches Fliegen. Sie muss nicht immer wieder schnell zur bekannten Erde zurückkehren, zu den bewährten Lehren und Gesetzen, zu der Sichtweise, die Geborgenheit verspricht. Es ist noch immer Platz für ein neues $E=mc^2$. Genug Phänomene suchen nach einer neuen Deutung. Sie weiß, dass sie noch nicht die Weltformel gefunden hat, aber sie hofft, dass diese sie finden wird.

In unseren Gedanken entscheiden wir über unsere Freiheit. Das Handeln folgt fast zwangsläufig.

Die Mutige lebt nicht mehr unter dem Gedanken der Schuld. Sie lässt sich nicht mehr durch ihre Fehler klein machen. Sie lacht und weiß, dass das Fehlermachen zu ihr gehört. Alles andere wäre Vermessenheit. Aber weil Schuld und Fehler nicht mehr den Stellenwert haben, den sie einmal hatten, als man ihr damit ein schlechtes Gewissen machte, darum erhebt sie sich über ihre Schuld und die Fehler, die sie macht – nicht so, als stünde sie darüber, aber weil sie ein viel höheres Ziel anstrebt, für das sich zu leben lohnt. Gegen das leuchtende Bild des Wachstums, ihres und das ihrer Mitmenschen, ist die Konzentration auf Schuld wie ein zu kleines, vordergründiges Denken aus ihrer Vergangenheit.

Vielleicht gehört die Überlegung „Ich habe nicht genug getan!" auch zu den frommen Werken, die noch zu überwinden sind. Könnte vielleicht sogar „Ich bin schuldig" auch dazu gehören, besonders, wenn es uns festhält und nicht wachsen lässt?

Die Mutige ist erwachsen. Ihr Erwachsensein ist ein tiefes Glück in ihrem Leben, weil darin alles vorkommen kann, was sie ist. Nichts muss sie zurückhalten, nichts übertreiben, nichts verleugnen. Sie kann nicht so tun, als hätte sie keinen Überblick. Sie macht sich selbst nicht klein mit Sprüchen, die sie nicht glaubt.
In ihrer Leidenschaftlichkeit spürt man das Kind, das sie einmal war, aber ihre Leidenschaftlichkeit ist jetzt ein tiefes Glühen aus Liebe zum Leben – etwas, was sie als Kind nicht überschauen konnte und brauchte. In ihrem Staunen ist sie noch Kind geblieben, aber auch das hat jetzt eine Ebene erreicht, in dem es umfassender ist, als es als Kind je sein konnte.
Sie trägt ein Bild von Reife in sich, das nicht in Worte zu fassen ist. Es ist ein umfassendes Ahnen, dass alles seinen Platz und seine Bedeutung hat. Es ist ein uferloses Bejahen des Lebens. Tief in ihr sind die Dinge richtig. Dabei erlebt sie eine Art Ehrfurcht vor sich selbst, vor ihrem einmaligen Weg, vor ihrer Art, ihn zu gehen. Sie weiß, sie hat das getan, was sie tun konnte. Und was sie nicht geschafft hat, gehört auch zu ihrem Weg dazu. Es ist gut so. Es ist gut.
Sie freut sich über ihre innere Größe, über die Stufen der Verwandlung, die sie gegangen ist. Ihre Reife ist ihr Lebenswerk, mit dem sie eine tiefe Liebe zum Leben in anderen auslöst.

Reife ist Wachstum, nicht Leistung. Und doch müssen wir etwas für unsere Reife tun. Wenn wir auf unsere Haltungen achten, wird das in uns, was wachsen will, seinen Ausdruck finden.

Der Mutige lässt Gott um Gottes willen, weiß er doch, dass jedes Bild, jede Verehrung, jede Beschreibung nur eine Verbiegung ist. Ihn zu halten, würde nur bedeuten, ein Bild zu halten. Er ahnt, dass der Gott, der zu halten ist, schon im Moment des Haltens ein Götze wird. Der Mut hat ihn befreit von den Bildern einer diesseitigen Wahrheit, an der schon viele verzweifelt und gestorben sind. Er hat ihn befreit vom „Kapitel-und-Vers-Denken" und von der Enge des rechten Glaubens.

So kennt der Mutige Tage, Wochen, vielleicht Monate, in denen Gott nur noch in seinem Blut lebt, in der Unterschwelligkeit, im Ahnen, in der unsagbaren Gegenwart. Gott fließt durch seine Adern, sammelt die Welt in seiner Netzhaut, überquert seine Zunge im Geschmack einer reifen Pflaume, klingt an in der einen klatschenden Hand. Der Mutige braucht nicht mehr den Schutz seines Glaubens. Besonders dann nicht, wenn dieser Glaube Gott unabsichtlich verkleinert. Im Moment des Lassens, wenn nichts mehr fassbar ist und Gott unerkannt bleibt, richtet sich Gott im Mutigen auf und glüht aus ihm hervor: gestaltlos, namenlos und religionslos, nur noch Lebenskraft. Dann ist der Himmel im Mutigen auf der Erde gegenwärtig.

Kannst du glauben, dass du gut bist, trotz deiner Fehler und deiner Unzulänglichkeit? Kannst du glauben, dass Gott an dich glaubt?

Ideenregister

Ulrich Schaffer wurde 1942 in Deutschland geboren und wanderte 1953 mit seiner Familie nach Kanada aus. Er wuchs im Norden von British Columbia auf, zog mit 18 Jahren nach Vancouver, studierte dort und in Hamburg Anglistik und Germanistik und unterrichtete zehn Jahre lang an einem College. Seit 1981 ist er freiberuflicher Schriftsteller und Fotograf. Die Gesamtauflage seiner Bücher beträgt über fünf Millionen.
Ulrich Schaffer und seine Frau Waltraud Schaffer leben in Gibsons, einem kleinen Ort an der Küste von British Columbia, der nur mit Fähre oder Wasserflugzeug zu erreichen ist. Sie haben zwei erwachsene Töchter, Kira und Zilya.

Durch unseren Mut
entsteht eine Welt,
die es sonst nicht gäbe.
Wir rufen sie und ihre Energie
ins Leben.
Wir werden Schöpfer
und Erhalter von dem,
was sein kann.